Petzet Erich

Studien zu Johann Peter Uz

Petzet Erich

Studien zu Johann Peter Uz

ISBN/EAN: 9783744682732

Hergestellt in Europa, USA, Kanada, Australien, Japan

Cover: Foto ©ninafisch / pixelio.de

Weitere Bücher finden Sie auf **www.hansebooks.com**

Studien

zu

JOHANN PETER UZ.

———•———

Inaugural-Dissertation

zur

Erlangung der Doctorwürde

der

hohen philosophischen Facultät
der Königlichen Ludwig-Maximilians-Universität München

vorgelegt

von

Erich Petzet.

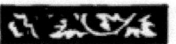

B E R L I N.
1893.

Vorbemerkung.

Die vorliegenden Studien bilden einen Teil einer umfassenderen Arbeit über Johann Peter Uz, die der Verfasser im Laufe des nächsten Jahres herausgeben zu können hofft, und behandeln das Verhältnis dieses Dichters zur Anakreontik und zu Horaz, sowie seine philosophische Odenpoesie. Zu Grunde gelegt ist ihnen die mustergiltige kritisch-historische Ausgabe von Uzens sämtlichen poetischen Werken, die August Sauer in den deutschen Litteraturdenkmalen des 18. und 19. Jahrhunderts (Nr. 33—38) geliefert hat; ohne diese wären die folgenden Untersuchungen kaum möglich gewesen.

Für mannigfache Förderung bei meiner Arbeit bin ich Herrn Professor Dr. Franz Muncker, sowie der Direktion der königl. Hof- und Staatsbibliothek in München zu lebhaftem Danke verpflichtet.

I.

Als sich im 18. Jahrhundert die deutsche Lyrik aus Frivolität und Unnatur, Formlosigkeit und Verknöcherung allmählich empor-rang zu der Hoheit und Tiefe, Innerlichkeit und Formenschönheit, die sie bei Beginn unseres Jahrhunderts erreichte, wirkte bei diesem Läuterungsprozesse ganz wesentlich der Einfluß antiker Vorbilder mit. Die anakreontischen Gedichte leiteten zu leichterer Eleganz der Sprache und des Verses hin, Horazens Muster veranlaßte nicht bloß · größere Strenge und Reinheit der Form, sondern auch würdigeren Ernst des Inhaltes, Pindar, obwohl selten wirklich gekannt, galt als nachahmenswürdiger Meister des erhabenen pathetischen Triumph-gesanges, dem man sich nachzueifern bemühte. Nicht bloß die kleinen Geister lehnten sich an diese Vorbilder an, auch die Größten fanden hier einen Anhaltspunkt, von dem aus sie mit um so größerer Sicher-heit ausgehen, mit um so entscheidenderer Macht wirken konnten. Maßgebend sind in dieser Zeit des Aufschwungs vor der höchsten Blüte vor allem Haller und Hagedorn, Ramler und Gleim, Klopstock, die Göttinger und der Sturm und Drang. In diesem Zusammenhange nicht vergessen zu werden verdient aber auch Johann Peter Uz (geb. 1720, gest. 1796), der bescheidene fränkische Poet, der trotz der engeren Grenzen seines Talentes durch dessen strenge und feinsinnige Ausbildung doch eine weitgehende und dauernde wohltätige Wirkung auf seine Zeitgenossen geübt hat.

Carl Leo Cholevius hat in seiner verdienstlichen „Geschichte der deutschen Poesie nach ihren antiken Elementen" (I, 497 ff.) auch Uz eine kurze Charakteristik gewidmet, die freilich dem Dichter nicht in vollem Umfange gerecht wird. Aber auch hier wird er als der „reifste Zögling der Sokratischen — d. i. der horazisch-anakreontischen — Lebensweisheit" bezeichnet. War ja doch Uz einer der Urheber der Anakreontik in Deutschland durch seinen Anteil an der Übersetzung der alten griechischen Gedichte, die sein Studiengenosse Götz 1746 gegen Uzens Willen herausgab. Im einzelnen läfst sich dieser Anteil nicht mehr völlig nachweisen; doch kann man die Angaben von Götz, der in seiner kurzen Autobiographie*) die Anakreonübersetzung für sich allein in Anspruch nimmt, und von Gleim, der mit noch weniger Recht am 2. Januar 1782 an Johannes von Müller berichtet**), er habe 1739 zu Halle mit dem verstorbenen Götz zusammen den Anakreon übersetzt, urkundlich richtig stellen. Uz schreibt nämlich an Gleim selbst***) über die Ausgabe von 1746: „Herr Götz hat nicht als ein Ehrenmann gehandelt. Sie wissen, wie Herr Götz und ich die Lieder Anakreons übersetzt haben; meistens gemeinschaftlich auf meiner Bude. Einige wenige habe ich allein übersetzt". Und Gleim berichtet am 29. April 1747 an Bodmer†): „Es hat sie (die Übersetzung) ein gewisser Herr Götz, der mit mir und Herrn Uz in Halle bekannt wurde, da wir eben mit Anakreon Bekanntschaft machten, in einer so nachlässigen Gestalt herausgegeben, und sich absonderlich Herrn Uzens Arbeit zu nutzen gemacht. Herr Gottsched", fährt er fort, „weifs nichts daran auszusetzen, als dafs das deutsche Silbenmafs nicht allenthalben mit dem griechischen gleich ist; und er beurteilt seinen Scherz in der Vorrede mit einer Magistermiene" u. s. f. Es ergiebt sich also, dafs Uz einen wesentlichen Teil der Arbeit gemacht hat, und Degen††) nennt ihn bei acht Liedern, No. 7, 14, 28, 29, 30, 43, 44, 51, gestützt auf seine eigene Angabe, als den alleinigen Verfasser. Uz war daher mit Recht empört über das eigenmächtige Vorgehen von Götz und nahm auch an der zweiten

*) Ausgabe seiner Gedichte von Ramler I. Bd., S. XII.
**) Körte, Briefe zwischen Gleim, Heinse und Joh. von Müller II, 310.
***) Henriette Feuerbach, Uz und Cronegk. Leipzig 1866 S. 34.
†) Körte, Briefe der Schweizer Bodmer, Sulzer und Gefsner. S. 53.
††) In seiner Anakreonübersetzung, die im wesentlichen selbständig ist, im einzelnen aber doch gelegentlich bei Uz Anleihen macht und öfters ihn zitiert. Eine Bearbeitung von Degens Anakreon (2. Aufl. 1821) ist Mörikes meisterhafte Übertragung.

Auflage von 1760 keinen Anteil, während Götz hier selbständig Anmerkungen hinzufügte und darin öfters auf die inzwischen erschienenen
„Lyrischen Gedichte" von Uz verwies.

Die Vorgänger in der Übersetzung anakreontischer Gedichte in
Deutschland waren nicht zahlreich. Einiges hatte Daniel Wilhelm
Triller in gereimten Versen übersetzt; den Versuch reimloser Übertragung machte zuerst Gottsched, und an ihn schlossen sich Uz und
Götz an*). Die neue Übersetzung, von Christ. H. Schmid als ganz
einzig in ihrer Art bezeichnet**), ist nicht sehr gewandt, sondern oft
in der Sprache ziemlich ungelenk, wenn auch reinlich im Metrum,
dreifüfsigen Jamben oder vierfüfsigen Trochäen. Der Ausdruck entspricht oft nicht der Knappheit des griechischen Textes, und so
werden bisweilen ganze Satzteile ausgelassen, um die deutsche Fassung
nicht länger als die griechische erscheinen zu lassen. Trotzdem tritt
gelegentlich eine gröfsere Breite ein, z. B. bei No. XLV, LI u. a.
Immerhin war aber doch manches ganz anmutig und zierlich gelungen
und wohl geeignet, Gleim zu eigenen Nachahmungen anzuspornen
oder darin zu bestärken, so das von Uz allein übersetzte Liedchen
„Auf Amorn" (No. XXX):

> „Die Musen hatten Amorn
> Mit Blumen jüngst gebunden,
> Und brachten ihn der Schönheit.
> Nun aber kömmt Cythere
> Mit vielem Lösegelde,
> Ihn wieder frey zu machen.
> Sie mach' ihn frey; doch geht er
> Aus diesen Ketten niemahls,
> Des süsen Diensts gewohnet".

In der Anmerkung dazu bemerkt Götz, dafs dies Liedchen auch
für Prior das Vorbild zu einem hübschen Gedichte abgegeben hat,
und interpretiert es in Übereinstimmung mit Le Fevre und La Fosse
dahin: „Die Schönheit sey alsdann erst stark genug, ein Herz lange
gefesselt zu halten, wenn sie mit den dauerhaften Annehmlichkeiten
des Geistes, dem Geschmacke und dem lebhaften Witze verbunden
ist". Und dann verweist er auf Uzens Gedicht „Die Liebe"***): „Uz
setzet mit gutem Rechte noch die Tugend dazu:

---

*) Über die grofse Zahl der nun folgenden Anakreonübersetzungen siehe Cholevius,
a. a. O. I, 479.

**) „Biographie der Dichter". Leipzig 1770, II. Teil, S. 287—318.

***) No. 48; diese Nummern beziehen sich immer auf die Sauersche Ausgabe.

Und es fesselt nur Verstand,
In dem Schoose sanfter Tugend,
Ihn durch ein beglücktes Band".

Ähnliche Parallelen sind oft*) aufgestellt und hier tritt die direkte Einwirkung Anakreons auf Uzens eigene Dichtung deutlich zu Tage wenn er auch von dem Tone und der Technik der Anakreontea durchaus nicht in so hohem Maſse abhängig wurde wie andere Dichter seiner Zeit.

Unter den deutschen Anakreontikern muſs immer Gleim an erster Stelle genannt werden; er besitzt die Manier des griechischen Vorbildes am ausgeprägtesten, während bei den anderen Nachahmern sich bald neue Eigentümlichkeiten ausbilden. „Wir haben mehr anakreontische Dichter als ihn", sagt Herder**), „wenn wir das anakreontisch nennen, was von Liebe und Wein singt: wenn wir aber das μέλος des Anakreons im Auge behalten, das meistens ein kleines Gemälde von Liebe und Schönheit enthält, so wird man gleich die Liebes- und Weinlieder eines Lessings, Weiſse, Uz, Hagedorns und selbst einige Gleimsche als eine besondere Klasse anakreontischer Gedichte ansehen."

Diese Abweichungen von dem Vorbild kamen daher, daſs es zunächst durch französische Vermittlung nach Deutschland gelangte. Madame Dacier hatte 1681 den Anakreon in französische Prosa übersetzt und mit liebevollen Anmerkungen begleitet, und das nach Körte von Naumannn verfaſste Vorwort zum zweiten Bändchen der „Scherzhaften Lieder" Gleims zeigt ebenso wie Götzens Anmerkungen zu seiner Übersetzung, wie sehr diese gelehrte Beschäftigung von Franzosen mit dem Anakreon auf die deutschen Dichter einwirkte. Besonders noch eine theoretische Schrift, die in der Übersetzung von Ebert Hagedorns Werken beigedruckt wurde, die Abhandlung über die Lieder der alten Griechen von de la Nauze, war mehr als andere streng philologische Untersuchungen geeignet, die Schätzung Anakreons in Deutschland zu fördern. Hier wird der tejische Sänger mit überschwänglichem Lobe charakterisiert: „Er besingt darin (in seinen Liedern) bald die Liebe, bald den Gott des Weins, und oft beide zugleich. Wollen wir diese Stücke von Seiten der Schreibart betrachten, so finden wir in denselben eine solche Süſsigkeit und etwas so feines und zärtliches als wir vielleicht sonst nirgends finden. Alles

---

*) z. B. No. XXVIII zu Uz No. 41, I zu 17, XVI zu 5, XXXIII zu 25.
**) Fragmente, 2. Sammlung, IV, B. 3.

ist darin schön und natürlich, jeder Gedanke ist eine Empfindung; jeder Ausdruck kommt aus dem Herzen und geht wieder zum Herzen. Man findet die ungekünstelten Annehmlichkeiten, welche den Charakter des Liedes ausmachen, und dasselbe von allen anderen Werken der Poesie unterscheiden. Man siehet da diejenigen lachenden Bilder, welche allemal gewifs gefallen, weil sie mit Geschmack und Urteil aus der blofsen Natur genommen sind."

Neben solchen Hinweisen auf Anakreon, welche die Wissenschaft gab, stand aber noch die Poësie fugitive, deren Vertreter Witkowski*) kurz charakterisiert: „Chaulieu, Chapelle, Voiture, Pavillon, La Fare, Grécourt, Gresset, sie alle werden gekennzeichnet durch die Leichtigkeit der inneren und äufseren Form, durch die spielende Vermischung antiker Mythologie und moderner Galanterie. Bei jedem dieser Dichter finden wir „Odes anacréontiques", in denen zärtliche Gefühle unter anmutigen Bildern dargestellt werden. Dabei ist immer der Ton der guten Gesellschaft festgehalten, und es ist für diese Poesie sehr bezeichnend, dafs sie, trotzdem sie sich als Tochter der Anakreontik ausgibt, doch sehr selten des Weines und seiner Freuden gedenkt". Es ist das eigentlich nur eine Weiterbildung der Liederpoesie Clement Marots. Die eleganten und anmutigen Tändeleien, leichten Galanterien desselben mit ihrem bisweilen frivolen Anflug gaben den Grundton an, der nun durch anakreontisches Beiwerk verziert wurde. Auch die ausgeprägte Neigung zu epigrammatischer Zuspitzung stammt schon aus dieser früheren Periode der französischen Dichtung her.

. Aber auch die englischen Dichter blieben in Deutschland nicht ohne Einflufs, besonders nachdem Hagedorn bei seinem zweijährigen Aufenthalt in England Prior, Waller, Gay u. s. w. kennen und schätzen gelernt hatte. Aber die anakreontische Richtung, die sich in England bis auf die Schäferpoesie eines Spenser zurückführen läfst, brachte hier nur Lieder zu Tage, die den französischen Artigkeiten nahe stehen, ohne sie ganz zu erreichen; sie war eine vorübergehende Mode von ziemlich grofser Einförmigkeit. „Die fashionable Poetry der Engländer", urteilt Herder**) „hat sich in Ausdrücken und Wendungen dergestalt

---

*) „Die Vorläufer der anakreontischen Dichtung in Deutschland und Friedrich v. Hagedorn", S. 21; der erste Teil dieser Habilitationsschrift erschien in der Zeitschrift f. vergl. Litteraturgeschichte N. F. III, S. 1 ff.

**) Humanitätsbriefe, 98. Brief; Suphan XVIII, 102.

wiederholt, dafs man nicht nur bei jedem Reim den folgenden, sondern oft auch bei der ersten Zeile des Stücks die letzte zuvor weifs". Aber so vieles auch konventionell an dieser Dichtung war, so kam doch oft gerade bei den Engländern mehr die Empfindung zur Geltung als der blofse spielende Witz. Hierin berührt sich denn auch die englische Anakreontik mit der ernsteren, sentimentalen Malerei in der Poesie, die allmählich immer mehr in Mode kam. Wegen seiner Malerei kann man denn auch, wie Witkowski*), Brockes in Deutschland zu den Vorläufern der Anakreontiker rechnen, wenn er seine Bilder auch nicht in sehr kurzen, zierlichen Strichen entwirft.

In Deutschland wurde der engste Anschlufs an das griechische Vorbild versucht. Gleim gab mit seinem „Versuch in scherzhaften Liedern" (1743—44) das vorzüglichste Muster ab. Hier herrschen die dreifüfsigen Jamben und vierfüfsigen Trochäen wie in den griechischen Liedern; hier herrscht Reimlosigkeit, worauf Gleim Nachdruck legt (II. Bd., S. XVI); hier wird immer versucht, ein kleines Bild, eine kurze Situation vorzuführen; hier werden alle die kleinen Mittelchen anakreontischer Technik angewendet: Ausrufe, Fragen, gehäufte Wiederholung derselben Satzform u. dergl. m. Wie bei der griechischen Sammlung wird das Programm vorangestellt: Anakreon „singt nur von Wein und Liebe. —

> Soll denn sein treuer Schüler
> Von Hafs und Wasser singen?"

Dieser Ankündigung entsprechend kehren denn auch in den folgenden Liedern stets Motive aus Anakreon wieder: die besungene Schöne — Doris — schlummert, träumt, wird von Amoretten umgaukelt, wandelt unter Rosen; der Zephyr spielt um ihren Busen; sie wird überrascht; sie ist spröde; sie wird von Amor besiegt; Amor besiegt den Dichter; Amor wird gefangen; der Tod wird um längere Frist gebeten, um längeres Küssen und Trinken zu ermöglichen; Biene, Nachtigall und Lerche spielen ihre bekannte Rolle, und in allen Wendungen und Bildern ist immer die Liebe oder, seltener, der Wein der Mittelpunkt, um den sich tändelnd alles dreht. Einzelne Freunde werden dabei gelegentlich angedichtet, darunter mehrfach Uz, einmal sogar (I, 33) in einem der ganz vereinzelten gereimten Lieder. Manches ist anmutig, anderes aber ganz verfehlt, und Gedichte wie der „Sterndeuter" (I, 49) oder „An Doris" (II, S. IX) zeigen deutlich, zu welchen

---

*) a. a. O. S. 25.

Geschmacklosigkeiten dieser Weg führen mußte. Mit Recht kam daher die Anakreontik alsbald in Miscredit, obwohl ihr einige Zeit die Bremer Beiträger, namentlich Zachariä, ferner Kleist, Cronegk, Weiße, der die anakreontische Heiterkeit des Gehalts und Leichtigkeit der Form auch in das Singspiel brachte, Gerstenberg, J. G. Jacobi, Löwen und viele andere ausgiebigen Tribut entrichteten; die meisten dieser Nachahmer sind äußerliche „Affen Gleims", wie Uz sie (in No. 27) nennt, von denen in vollem Umfange die Worte Herders (a. a. O.) gelten: „Unsere gemeinen Anakreontisten sind Fledermäuse, die in der mittleren Region bleiben, das Ideal nicht erreichen und bei Andeutung des Vorfalls niedrig werden."

Einzelne suchten aber auch die alten Motive selbständig zu verwerten und über ihre Vorlage hinauszukommen. Götz ging von den kunstlosen Versmaßen dieser Tändeleien aus und eignete sich zu seinen, im Gehalt freilich selten vertieften, Gedichten eine solche Fülle gereimter Metren an, daß ihn Herder*) den „vielformigen" nennen konnte. Lessing gestaltete seine „Kleinigkeiten", die Uz großes Vergnügen gewährten**), teils burschikoser, frischer, teils epigrammatischer, schärfer als die übrigen Anakreontiker***). Klopstock freilich und die Seinen konnten sich der Bewegung nicht anschließen; aber auch bei ihm finden sich „anakreontische Untertöne"†) und warmer Lobpreis des von aller Welt hoch gefeierten Hagedorn. Hagedorn bewegte sich am freiesten von ihnen allen. Indem er seine Muster in gleicher Weise von den Italienern, Franzosen, Engländern, Griechen und Römern nahm, bewahrte er ihnen allen gegenüber eine Unabhängigkeit, die ihn als individuellen, ebenbürtigen Meister und nicht als ihren bloßen Schüler erscheinen läßt. Vorzüglich umfassend, knapp und klar charakterisiert ihn Erich Schmidt††): „Bald zu ernsten Erörterungen über Gott und Welt faßlicher, aber minder tief als Haller gesammelt, bald Arm in Arm mit dem gefährlichen La Fontaine der Contes oder ein aufmerksamer Schüler des größeren La Fontaine der Fabeln, bald liebelnd oder von mächtigerer Empfindung

---

*) Humanitätsbriefe, 104. Brief (Suphan XVIII, 122) an einer Stelle, an der auch der Sauberkeit von Uzens Formen rühmend gedacht ist.

**) S. Henneberger, Briefe von Johann Peter Uz an einen Freund (Grötzner). Leipzig 1866. S. 27, 30; Sauers Uz S. 367.

***) S. Erich Schmidts „Lessing" I, 75—90.

†) Sauer S. XXI.

††) a. a. O. I, 77 f.

bewegt, bald zu Stachelversen bereit, bald lustig, ja derb beim Heidelberger Faſs oder auf der Weinlese, bald der maſsvollere Herold der „Freude, Göttin edler Herzen", kein gedankenschwerer Denker und Dichter, aber ein Mann von seltener Bildung, ein Wecker des heiteren Sangs, ein Meister der Form, der unsere Dichtersprache ihrer Steifheit und Schnörkel entledigte, wollte er in allem, auch im Scherz, den Namen eines Weisen verdienen". Ihm ähnlich, wenn auch an umfassender Bedeutung nicht gleich, ist Uz; ihm steht er unter allen deutschen Anakreontikern am nächsten.

Uz wird meistens ganz in einer Linie mit der Schar der Anakreontiker genannt, die unselbständig Gleim nachfolgten und „reimlos, scherzhaft und verliebt*) Gedichte machten wie ein Nürnberger Fabrikant Stecknadeln und Glaskorallen**). Das ist ganz ungerecht, da Uz seinen Gedichten schon durch die gereimten Versformen einen ganz anderen Charakter gab und schon bei seinem ersten Auftreten sich polemisch gegen den Schwarm der flachen Anakreontiker gewendet hatte. Sein Gedicht „An Venus" (Nr. 27), das einzige scharf litterarisch satirische der ersten Ausgabe, spricht den herzlichsten Ekel vor einer Poesie aus, die so nüchtern aussieht, als ob sie Wasser tränke, dabei aber jauchzt, als ob sie vom Wein entbrannt wäre, die schwatzhaft zu tändeln versucht, daſs man dabei gähnen möchte, die witzig sein will, aber nur langweilt***). Also so scharf wie nur irgend einer der heftigsten Gegner der Anakreontik, etwa wie Kästner mit seinem „Und immer fortgekindert" oder Kant, der die anakreontischen Gedichte „nahe beim Läppischen" fand, äuſsert sich Uz hier und durfte es mit Recht tun. Denn er erfüllt seine Forderung, daſs nur ein wohltönender, kein rauher Mund die süſsen Klagen der Venus, nur ein wirklich weinfreudiger, nicht ein nüchterner Wasserpoet die Freuden des Bacchus besingen solle. Ihm war der Ton des heiteren anakreontischen Liedes angemessen, weil er selbst einen fröhlichen Sinn besaſs, und er hatte sich in den Vorstellungskreis Anakreons so ganz eingelebt, daſs er für ihn nichts nachgemachtes, sondern sein wirkliches Eigentum war.

---

*) Kawerau, Aus Halles Litteraturleben S. 176.
**) Kästner an Lessing 1751.
***) Bei der Kritik einer schlechten Liedersammlung zitiert Lessing Uzens Verse (Lachmann-Muncker IV, 324).

Das Gedicht „Die lyrische Muse" (jetzt No. 17), das die erste Ausgabe der „lyrischen Gedichte" eröffnete, gab nach alter Sitte das Programm des Dichters:

> „Denn nur von Lust erklingt mein Saitenspiel,
> Und nicht von Leichenvollem Sande
> Und kriegrischem Gewühl
> Und vom gekrönten Sieg im blutigen Gewande."

Derselbe Gegensatz war schon bei Anakreon und Horaz, aber auch in Jakob Schwigers „Geharnischter Venus", bei Hagedorn, Gleim u. a. m. in dem Programmgedicht am Anfang ausgeführt. Und treu diesem Grundsatze schlofs Uz sein schon 1746 verfafstes patriotisches Gedicht „Das bedrängte Deutschland" (No. 16) von seiner ersten Sammlung aus, da es „allzu ernst für alle übrige Lieder" sei *). Nur „die alten und heutigen deutschen Sitten" (No. 21) nahm er auf, ein Gedicht, das mit seiner beifsenden Satire gegen die Franzosennachäffung und mit seiner kernhaften, deutschen Gesinnung sich in seiner Umgebung wirklich etwas fremdartig ausnimmt. Abgesehen davon herrscht aber in der ersten Ausgabe von 1749 unbedingt anakreontische Stimmung, die später noch einige Zeit bei Uz vorwiegend war und daher auch im dritten und vierten Buche (1755) noch manches heitere Gedicht folgen liefs, während die „Sämtlichen poetischen Werke" von 1768 im fünften Buche nur noch wenige Spätlinge dieser Richtung neu hinzubrachten.

Geniefset die Liebe und den Wein, so lange ihr könnt! Das ist der Grundton aller dieser Lieder, der bald in ausgelassenem Übermut, bald mit ernsterer Begründung immer wiederkehrt. Diese Lehre in freiem lyrischen Ergusse zu verkünden ist selten versucht, und das gelingt Uz auch nicht recht. Bei seiner „Frühlingsode" (No. 2) macht ihm das Metrum zu viel Mühe; Thomson und Pope schweben als Muster vor, aber die mythologisch-allegorischen Bilder sind nicht innerlich geschaut und lassen kalt, das Ganze ist Produkt mühsamer Arbeit, nicht begeisterter Stimmung. Den von ihm hochgeschätzten Christian Günther, dessen Feuergeist ihm aber gänzlich fehlte, sich zum Vorbild zu nehmen, war Uz nicht frei genug von den konventionellen Anschauungen seiner Zeit. Er macht sich meistens die anakreontische Technik zu Nutze, in einer reizenden Situation seine Aufforderung zum Vergnügen hinzustellen: Wein und Phyllis stehen

---

*) An Gleim 20. November 1747.

vor ihm und er soll wählen, und da wählt er die Phyllis (No. 10)*);
oder er irrt unentschlossen zwischen den Altären der Gottheiten des
Reichtums, der Ehre u. s. w. und entscheidet sich schliefslich für
Amor und Bacchus (No. 13); oder Amor bringt dem Dichter die
Laute und verwundet ihn dann mit seinem Pfeile, so dafs er nun blofs
von Liebe singen kann (No. 3)**); oder Amor ist verloren gegangen
und der Dichter sucht ihn bei seinen Schönen (No. 29) u. dergl. m.
Anmutiger aber ist Uz, wenn er selbst blofs der Schauende ist und
nun in sich vollendete kleine Bildchen hinstellt, wenn er also z. B.
(in No. 25) die Liebesgötter beobachtet und ihr graziöses, neckisches
Spiel schildert, wenn er (in No. 28) die Versöhnung Daphnes mit
ihrem geliebten Myrtill zeichnet, der ihr Grund zur Eifersucht gegeben
hat, wie Horaz in seinem Donec gratus eram tibi***), u. a. m. Auch
die heitere Satire gelingt ihm vortrefflich. Im „Magister Duns“
(No. 12), der, eine Popische Schöpfung, in der deutschen Litteratur
öfters†) ausgenützt wurde, verspottet Uz in ganz köstlicher Weise die
falsch angewandte Gelehrsamkeit. Zwar war das Motiv der Ver-
höhnung der pedantisch philosophischen Begründung des Trinkens
und Küssens schon bei Anakreon††), Gleim†††) und Hagedorn*†)
angedeutet, aber nirgends so prächtig drastisch und witzig ausgebeutet
worden wie hier. Dabei war die Spitze gegen die Gottschedianer
empfindlich. „Was ich vom Magister Duns schreibe“, heifst es in
einem Briefe an Gleim vom 27. Juni 1745, „soll Ihnen zur Auf-
munterung seyn, gleichfalls wider diese Herrn zu eifern, welche in
den Leipziger Belustigungen und anderswo von der Sprache der
Musen abweichen, und die Sprache Wolfs in ihre Verse einführen“.
Aber das Polemische ist nicht verletzend, die Demonstrierung ad oculos
der sinnlichen anakreontischen Lehre erfreut und erregt die Heiterkeit,

---

*) Ähnlich ist Hagedorns „Doris und der Wein“.

**) Wohl aus Anregung von Anakreons „Besuch des Eros“, Mörike No. 41.

***) Horaz III, 9 wurde mehrfach mit noch engerem Anschlufs nachgeahmt z. B.
von Hagedorn („Die Aussöhnung“, „Zemes und Zulima“), Kleist (II, S. 84), Anna Luise
Karsch, Joh. Fr. Löwen u. a. Vergl. Cholevius a. a. O., I, 495.

†) Z. B. von Lessing: „Wer ist der grofse Duns“ (Lachmann-Muncker I, 42)
Gleim „An den gelehrten Duns“, Wieland „Ankündigung einer Dunciade für die
Deutschen“ u. s. w.

††) Götz-Uz S. 98.

†††) a. a. O., I, 85.

*†) „Lauf der Welt“, „Das Dasein“, „Die Verleumdung“, „Elpin“; bei Lessing
„Der philosophische Trinker“ (L. M., I, 103).

die der Dichter in vollem Behagen hier ausgegossen hat. Ähnlich thut Uz lachend den Aberglauben an die Prophezeiungen aus dem Kaffeesatz ab, der auch in den komischen Epen jener Zeit mehrfach erwähnt und verspottet wird (No. 23). Keck preist er die „Weinlese" (No. 20), indem er kleine Bildchen, allerdings nie von dem Realismus ähnlicher Stellen bei Hagedorn*), an einander reiht, in demselben Sinne, wie Lessing seine Phyllis den Wein loben läfst**), und auch wenn er der ernsten Zeitläufte gedenkt***), so lenkt er sofort zum Preise des Genusses über, weit geschmackvoller als Gleim in seinen scherzhaften Gedichten vor Prag†). Diese stete Mahnung zur Freude erhebt sich zuweilen bis zum Schwunge der Ode, und hier sind manchmal mythologische Bilder mit Knappheit und Anschaulichkeit eingeflochten, z. B. wenn Bacchus seine Schöne spröde findet (No. 19):

> „Da verschlofs er sich in einer Traube.
> O wie lüstern nahm sie ihn vom Laube!
> Sie entbrannt' in fremde Triebe;
> Und noch itzo dient der Wein der Liebe."

Aber neben der Einwirkung Anakreons und Horazens zeigt sich auch vielfach der Einflufs der Franzosen; ihr Vorbild reizte Uz, sich auch in kühneren Situationen zu versuchen, als für den Anfänger rätlich war, und seine teilweise etwas plump ausgefallenen Versuche sollten ihm schlimme Früchte tragen, die Verdächtigungen seiner persönlichen Sittlichkeit, die ihn so sehr kränkten.

Der „Traum" (No. 7)††) ist noch das harmloseste dieser Gedichte und wurde als „das schalkhafteste Gemälde" viel bewundert

---

*) Nur in der „Palinodie" (No. 60) ist eine geringe Annäherung an Hagedorns gelegentlichen derben Realismus, der geradezu an die Bilder der Niederländer erinnert, bemerkbar.

**) Lachmann-Muncker, I, 104.

***) No. 22 frei nach Horaz, II, 11.

†) II, 73. Uz spielt rühmend auf diese Verse Gleims an in dem von Sauer zuerst gedruckten Gedicht No. 108.

††) Mörike (Anakreon S. 163) sucht ihn auf die Anregung von Anakreons „Traum" (No. 53, S. 129) zurückzuführen wegen der Schlufswendung 'des Erwachens im entscheidenden Augenblick. — Sauer will es chronologisch noch in die Universitätsjahre versetzen; wenn man aber Thomsons „Damon", der in Bodmers Übersetzung im Anhang von Pyras und Langes „Freundschaftlichen Liedern" 1745 gedruckt wurde, oder Gleims Verse in den „Scherzhaften Liedern" II, 4 f. (1745) als direkte Anregung auffafst, so würde sich eine Datierung in das Jahr 1745 ergeben. Gleims Verse könnten freilich auch Anspielung auf das schon vorliegende Gedicht sein.

und von Lessing in seiner Besprechung der „Lyrischen Gedichte"
als empfehlende Probe abgedruckt*). Aber „der Morgen" (No. 8)
und das „Morgenlied der Schäfer" (No. 9) sind so lüstern, daſs eben
Hagedorns Anmut nötig gewesen wäre, sie erfreulich zu gestalten,
und die besaſs Uz damals noch nicht. Später (um 1753) konnte er
dergleichen mit besserem Erfolge wagen; da verstand er Sprache und
Vers leichter zu handhaben und hatte sich namentlich an seinen französischen Mustern noch mehr geschult.

Wenn der junge Wieland mit besonderem Eifer gegen die Contes
des La Fontaine loszieht, sind sie für Uz ein Gegenstand lebhafter
Bewunderung. Das höchste Lob, das er den — auch von Lessing**)
sehr geschätzten — „Schäfererzählungen" Rosts, von denen „der blöde
Schäfer" vielleicht die Anregung zu Uzens „Gemälde" (No. 36) gab,
erteilen kann, faſst er in die Worte***): „Ich habe nie etwas an-
genehmeres und sinnreicheres unter die Hand bekommen. Meines
Erachtens tun sie es den contes des Lafontaine vollkommen gleich".
Und noch 1753 (in No. 100) fühlt er sich angeregt:

> „Als ein anderer Fontaine,
> Der ehmals Hymens Heimlichkeiten
> Und jeden losen Streich, den Amor ihm gespielt
> In seine scherzgewohnten Saiten
> So reizend sang, daſs wer nur menschlich fühlt,
> Nach Hymens Freuden diebisch schielt", —

ein schlüpfriges Geschichtchen zu erzählen, das er dem Drucke dann
zwar vorenthielt, das aber handschriftlich erhalten blieb und der beste
Beleg ist, daſs er sein französisches Muster nicht bloſs bewundertet),
sondern auch mit viel Geschick nachzuahmen verstand. Aber auch
die französische Malerei wirkte auf ihn ein, wie er denn einmal sogar
direkt ein arkadisches Schäferbild Poussins als seine Vorlage bezeichnet
(No. 104). Doch nicht bloſs Idyllen, auch neckische, bisweilen lüsterne
Situationen, bei denen luftige Amoretten ihre Rolle spielen, weiſs Uz
um jene Zeit mit einer Meisterschaft zu zeichnen, daſs sie so anschaulich und zierlich vor uns stehen wie von Watteau gemalt. In den
hierher gehörigen Gedichten††) ist in Sprache und Vers eine Leichtig-

---

*) Lachmann-Muncker, IV, 32.
**) L.-M. I, 105.
***) An Gleim 19. März 1742.
†) S. auch No. 34.
††) No. 35, 36, 38, 53.

keit und Anmut erreicht, die der Wielands vollkommen ebenbürtig ist und sich dabei nicht so grofse Freiheit und Ungebundenheit erlaubt. Hier wie bei Hagedorn fand Wieland schon das satirische Hereinziehen philosophischer und anderer ernster Dinge in scherzende Lieder, das er dann bei seinen komischen Erzählungen so sehr liebte. Aber durch die knappe Zusammenfassung und die Neigung zu epigrammatischer Zuspitzung, die ja dem behaglichen Ausspinnen Wielands ganz entgegengesetzt ist, stellt sich Uz doch wieder näher zu Hagedorn, der ihm neben den Franzosen vornehmstes Muster war. Die Neigung zum sinnlichen Witz, zur hergebrachten Frivolität, die sich aus dem Streben der „grofsen Welt" zu gefallen erklärt, ist, wie bei Hagedorn und dem viel plumperen Rost, auch bei Uz gelegentlich bemerkbar; namentlich haben die Gedichte Hagedorns „Doris", „der ordentliche Hausstand", „die Alte" u. dergl., die längere Zeit durch häufige Nachahmung eine würdige Auffassung des Verhältnisses der Gatten in der Dichtung verhinderten*), auch bei Uz einmal eine freie Nachbildung erfahren: wenn er (No. 38) scherzend erzählt, wie Amor, begleitet von seinem Bruder, dem Gotte der Habnreyschaft, sich ins Haus der jungen, feurigen Elmire schleicht, so ist das so locker wie irgend etwas von La Fontaine. Meist aber ist Uz harmloser, und wenn er schildert (No. 35), wie die Mädchen den Morpheus bei Venus verklagen, dafs er ihnen von Küssen und verliebter Lust in den Träumen vorgaukele, während sie doch bei Tage stets spröde und keusch seien, und sich sagen lassen müssen: jeder träume nur von dem, was ihm eigentlich in innerster Seele lieb sei, oder wenn (No. 53) die Nymphen Amorn gefangen nehmen, bei der Drohung aber, dafs sie nun ungeküfst durchs Leben gehen müfsten, ihn sogleich wieder frei lassen, so ist das von Uz so zierlich und schalkhaft vorgetragen, dafs man den grofsen Fortschritt, den Uz seit seiner ersten Nachahmung eines Franzosen gemacht, ebenso wie den Einflufs seiner Vorbilder auf ihn nur rühmen kann.

Einmal, 1747, hatte Uz auch den Versuch gemacht, ein Liedchen Clemens Marots zu übersetzen; aber es war ihm nicht sehr gut gelungen. Auch in der Umarbeitung sind die „Eigenschaften einer Geliebten" (No. 24)**) ziemlich schwach, wiewohl sie seiner Zeit viel

---

*) S. Witkowski a. a. O. S. 37 f.

**) Herder hat eine wenig witzige Parodie „der Geliebte" (Suphan XXIX, 283) verfafst: auch seine „männliche Schöne" (ebda. S. 284) lehnt sich deutlich an Uz an. Das Original, Chanson XXIV der Oeuvres (Paris 1556) I, 192 lautet:

gesungen wurden. Dieser Erfolg konnte ihn also nicht ermuntern, sich öfter in Übersetzungen zu versuchen, aber der Ton Marots und Chaulieus, ihre Grazie und Eleganz blieb ihm umsomehr Muster. Marot und Chaulieu waren die französischen Lyriker, denen er die meiste Liebe entgegentrug. Dafs Chaulieu den Namen eines echten anakreontischen Dichters „auf eine vorzügliche Art" verdiene, führte auch Lessing*) 1751 mit liebevoller Charakteristik des Dichters in seiner Rezension der Saint-Mareschen Ausgabe seiner Werke aus. Und in demselben Sinne verehrte ihn Uz.

> „Chaulieu, dem, bekränzt mit Rosen,
> · Alle Grazien liebkosen**)",

so ruft er ihn wie einen Schutzheiligen an. Ihm ist neben La Fontaine in besonders hohem Grade von den französischen Anakreontikern grofser Einflufs auf Uz zuzugestehen.

Von den Franzosen und Hagedorn waren die frivolen Züge in Uzens Dichtung gekommen, die seinem eigenen Wesen eigentlich fremd waren. Wenn man es also moralischen Splitterrichtern nicht sehr verübeln kann, wenn sie an den genannten Gedichten Anstofs nahmen, so waren die Angriffe auf Uz zum mindesten übertrieben, besonders so weit sie auch seine Persönlichkeit verdächtigten. Am 22. Januar 1755 schreibt Uz an Grötzner***): „Ich werde als eine verliebte Seele vorgestellt, und man glaubt von mir, dafs ich sehr viele Mädgen haben und auf reizende Griffe mich gut verstehen müsse". Uz ist empört über diese Beurteilung und darüber, „dafs ich vor einen zutäppischen Menschen gehalten werde, ich, der keuscheste aller Dichter, die jemals geschrieben haben!" Aber an Gleim gibt er

Quand vous vouldrez faire une Amye,	Si vous la prenez trop ieunette,
Prenez la de belle grandeur:	Vous en aurez peu dentretien:
En son Esprit non endormie,	Pour durer prenez la brunette,
En son Tetin bonne rondeur:	En bon point, d'assuré maintien.
Doulceur	Tel bien
En coeur,	Vault bien,
Langage	Qu'on face
Bien sage,	La chasse
Dansant, chantant par bons accords	Du plaisant gibbier amoureux:
Et ferme de coeur et de corps.	Qui prend telle proye est heureux. —

Ein ähnliches Gedicht bei Lessing: „Der Tausch an Hr. W." (L.-M. I, 112 f.).

*) Lachmann-Muncker IV, 206 ff.
**) No. 110; s. auch No 101.
***) Henneberger a. a. O., S. 52.

zu*), daſs einzelne Stellen „mit einigem Schein als gar zu schlüpfrig"
verdammt werden können. Diese bemüht er sich unablässig unschäd-
lich zu machen, auch wenn er selbst fühlte, daſs er bei Änderungen
aus moralischen Gründen seine Gedichte oft verschlechterte**). Hat
er ja doch***) eine Reihe Gedichte wegen Zweideutigkeiten sofort von
der ersten Ausgabe ausgeschlossen! „Lieber zwanzig schlechte Gedanken und matte Ausdrücke, als den geringsten Schein der Zwey-
deutigkeit oder etwas, so wider die guten Sitten und den Wohlstand
läuft!" †) Nach diesem Prinzipe revidierte er seine Gedichte, unterstützt
von Gleim und gelegentlich zum Ärger Cronegks, immer aufs neue.
Er war also wahrhaftig kein gefährlicher Sittenverderber, und auch
die paar freieren Stellen in seinen Liedern sind im Vergleiche mit
andern Produkten der Zeit nicht so schlimm, wie man nach des jungen
Wieland scharfen Angriffen glauben könnte. Überdies predigte Uz
schon in seiner ersten Gedichtsammlung durchaus nicht blofs die über-
mütigen anakreontischen Lehren, die Wieland im „Anti-Ovid"††) so
scharf geiſselte, sondern daneben auch die weise Lebensfreude, die
jener in demselben Gedichte (II, 243—247) pries:

„O wie entzückend ist
Die Wollust, die kein Sklav der Sinne kennt,
Wenn uns harmonischer, erhabner Triebe voll,
In jedem Blick der Seelen Gleichlaut rühret!
Indem der Tugend Weg uns holde Weisheit führet!"

So singt auch Uz eine schwungvolle Ode auf „die Wollust"
(No. 31) —

„nicht die der Pöbel kennet,
Die stets voll Weins, rast, wann sie sich erfreut:
Nein! die vereint Natur und Weisheit preisen,
Der Weisheit Kind und Königin der Weisen†††)."

---

*) 12. März 1756.
**) So schreibt er z. B. am 12. März 1756 an Gleim: „Ich bin schon entschlossen,
die anstöfsige Stelle im Traum (No. 7) zu verändern und vermutlich zu verderben."
(Sauer, S. XVII.)
***) S. Sauer S. VII f.
†) An Gleim 20. Nov. 1747.
††) 1752, in der Ausg. von 1798: I. Ges., V. 87—105.
†††) In demselben Sinne sagt der ernste Haller in dem Gedichte über „die Falsch-
heit der menschlichen Tugenden": Des Weisen „Wollust ist so keusch als eure Tugend."
Ebenso verwahrt sich Hagedorn („die heutigen Encratiten") gegen die Verwechslung der
„Wollust edler Seelen" mit der Wollust des Pöbels.

Mehrere Gedichte*) deuten schon damals auf eine spätere Stufe von Uzens Entwicklung vor, wo philosophische Lyrik und die Einflüsse von Horaz das spielende Getändel der Jugend und der anakreontischen Freunde verdrängten. Und wenn er seinen Hymnus an die Wollust mit den Worten schliefst:

„Das wahre Glück ist nicht, was Thoren meinen:
Seyd in der That, was tausend andre scheinen!" —

so entspricht das seiner wahren Natur mehr als die Frivolität, die aus seinen Vorbildern auf einzelne seiner Gedichte übergegangen war. Man kann übrigens auch in manchen seiner anakreontischen Tändeleien eine gröfsere Tiefe und Innerlichkeit bemerken, als sie bei anderen Anakreontikern zu finden ist, die einen wirklich persönlichen Anteil des Dichters erkennen läfst**). Besonders seine Liebe zur Schwester seines Freundes Grötzner ist in seiner Poesie nicht ohne Spuren geblieben. Aber er hatte noch nicht den Mut Klopstocks, seine ganz persönlichen Stimmungen und Erlebnisse dem Publikum unverhüllt vorzulegen, und so hielt er diese Gedichte entweder vom Drucke zurück, oder schnürte sich auch hier ein in die hergebrachten Formen der allgemeinen beliebten Muster, an die man sich so sehr gewöhnt hatte, dafs man ihre zierliche Künstelei für die Sprache der einfältigen Natur zu halten geneigt war.

Die Bilder, die Sprache, der Vers, das alles ist daher bei dem Anakreontiker Uz durchaus bestimmt durch die gewählten Vorbilder, Anakreon, Horaz und die Franzosen. Der Vorstellungskreis des ersteren dominiert besonders stark, doch treten noch die Einflüsse der modischen süfslichen Schäferpoesie hinzu, wo die Mädchen selten anders als Nymphen, die Wangen nie anders als rosenvoll genannt werden und es keine andere Pflanze als Lorbeer, Myrthe, Rosen und höchstens noch Majoran zu geben scheint. Dafs einige Lorbeerwälder aus Uzens Gedichten auszuhauen seien, hat schon Kleist***) treffend hervorgehoben, und Sauer giebt dazu eine Statistik über den Gebrauch von Myrthe und Lorbeer bei Uz, die recht anschaulich macht, wie wenig innerlich geschaut, sondern rein konventionell vieles in dieser

---

*) No. 11, 18, 19, 26, 30.
**) z. B. No. 4, 5, 59, 77, 109, 110, 111.
***) An Gleim 2. April 1755 (Werke II, 285): Uzens Oden „haben, ein paar ausgenommen, keine Fehler, als dafs zu viel Lorbeerwälder darin grünen. Hauen Sie doch einige aus! den Majoran rupfen Sie auch ab! Er ist besser in eine Wurst als in ein schönes Gedicht." S. dazu a. a. O. auch Ewald an Nicolai. (14. Febr. 1755).

Poesie ist. Der Bilderschatz ist durch die ständige Wiederholung bei so vielen Dichtern der Zeit abgebraucht, und leicht könnte der ewig dasselbe Thema in derselben Manier variierende Preis der „schlauen Lust" der Brünetten — die Vorliebe für diese stammt von den Franzosen — ermüden, zumal auch das Naturgefühl sich in die üblichen Verkleidungen, Personifikationen und mythologischen Bildchen steckt und selten so einfache Stimmungsbilder wie „die Nacht" (No. 47) oder „die Rose" (No. 42) gelungen sind. Aber Uz verstand mit den gegebenen Mitteln trefflich umzugehen. Er hat vor allem von Hagedorn eine Leichtigkeit in der Behandlung des Verses gelernt, die wenige neben ihn besafsen, und die ihn zu einem der sangbarsten Lyriker seiner Zeit macht*). Trotzdem ist in einigen heiteren Liedern der ersten Sammlung noch nicht die Ungezwungenheit und Natürlichkeit seiner späteren Gedichte der Art erreicht. Die Verwandtschaft mit den gewöhnlichen anakreontischen Gedichten der Zeit tritt hier gelegentlich (z. B. bei No. 3, 6, 14, 29) auch formal deutlich hervor, wenn anstatt der liedmäfsigen Strophenbildung Hagedorns und der Franzosen nur kurze Reimpaare vorliegen, wie sie manchmal auch Gleim hat**), die eigentlich jedes inneren Zwanges zur Stropheneinteilung entbehren, und sich nur durch den Reim und den manchmal herrschenden männlichen Versschlufs von den einfachen fortlaufenden Verszeilen der anderen Anakreontiker unterscheiden.

Zu den anakreontischen Dichtungen Uzens sind teilweise auch seine „Briefe" zu rechnen, in denen sich der liebenswürdige Charakter des Dichters frei und unbefangen ausspricht. Die Form von „Briefen" lag ihm bei seiner Vertrautheit mit Horaz, Boileau und Pope ziemlich nahe, besonders da sie in Frankreich in den Dienst der Anakreontik gestellt und auch in Deutschland schon mehrfach versucht worden war. In seinem grofsen Lehrgedicht, dem „Versuch über die Kunst, stets fröhlich zu sein", bediente sich Uz ihrer mit regelmäfsigen Alexandrinern; seine Freundschaftsbriefe aber sind teils in vers irreguliers, teils in einem Wechsel von Prosa und Versen geschrieben, wozu wieder die französischen Anakreontiker, zuerst Chapelle und dann u. a. der von Uz so sehr geschätzte Chaulieu, die ursprünglichen Muster

---

*) Es wurden No. 24, 64, ferner geistliche Lieder von Uz komponiert, No. 93 von Schubert; Wieland führt in seinem „Versuch über das deutsche Singspiel" Uz unter den Dichtern an, die in ihren besten Gedichten eine Probe gaben, dafs die deutsche Sprache „in einem sehr hohen Grade musicalisch" sei.

**) z. B. „Versuch in scherzhaften Liedern" I, 62.

gegeben hatten. In Deutschland, wo diese Form in Wielands „Grazien"
die gröfste ihr mögliche Anmut erreichen sollte, hatten sie die Bremer
Beiträger, J. E. Schlegel, Giseke, Ebert, ferner Gleim u. a. m. er-
griffen, und Uz stellt sich mit seinen poetisch-prosaischen Briefen dem
besten, was diesen gelang, an die Seite. Frei von der Süfslichkeit,
die später Gleim und Jacobi in ihren zur Veröffentlichung bestimmten
Briefen einführten, giebt Uz darin teils philosophische Reflexionen
(No. 105), einfacher und natürlicher als Hagedorn vor ihm getan hatte,
teils seine ästhetischen Grundsätze verbunden mit ganz persönlicher
Polemik*), was Spreng und Drollinger schon früher versucht hatten,
teils behagliche Plaudereien, in denen er sich zwanglos gehen läfst
und mit guter Laune seine und seiner Freunde Erlebnisse behandelt**).
Durch humoristischen Spott und anakreontische Weisheitslehren sucht
er seinen Freund Gleim über die Auflösung seiner Verlobung***) und
ähnlich auch Ebert bei der Untreue seines Mädchens zu trösten. Geht
es ihm ja doch selber nicht besser! Ein Gnom, zu dem er sich verirrt,
prophezeit ihm direkt: „Du wirst so wenig jemals ein glücklicher
Liebhaber, als ein grofser Mann werden. Wer nur ehrlich, niemals
unverschämt ist, und mit guter Art weder zu betrügen, noch der
Welt Wind zu verkaufen weis, erscheint sehr selten in einer glänzenden
Gestalt." So ironisiert Uz sich selbst, manchmal (in No. 111 z. B.)
mit einem gewissen nervösen Humor den Ernst und die Tiefe seiner
Gefühle verdeckend, meistens aber in behaglichem Plauderton. Oft
flicht er anakreontische Scherze, kleine Anekdoten oder satirische Ab-
schweifungen ein, und hierin kommt das horazische Vorbild zur
Geltung.

II.

Horaz war mehr oder weniger bei allen Anakreontikern neben
den griechischen Liedchen das Hauptmuster. Von vielen wurden
einseitig seine heiteren Oden, die zum Lebensgenusse und zur Fröhlich-
keit ermahnen, als Kern seiner Poesie aufgefafst, und aus seinen Lehren

---

*) No. 102, 104, 106.

**) No. 99, 100, 101, 103, 111.

***) Der ironische Ton in diesem Briefe (No. 100) zeigt genugsam, wie wenig ernst
die Polemik gegen die Ehe gemeint ist; die Auffassung derselben, die Cholevius a. a.
O. I, 483 f. vertritt, erscheint verfehlt, besonders wenn man Uzens Verhältnis zu Fräulein
Grötzner berücksichtigt. Auch beweisen mehrere Briefstellen und der ganze poetische
Brief No. 101, dafs er durchaus kein Feind der Ehe war.

zusammen mit den Anakreontika bildete man sich den Begriff der sogenannten sokratischen Weisheit, die in dem späteren Wieland — neben Hagedorn — ihren bedeutendsten Vertreter fand. Es war da natürlich, dafs man auch von seinen Episteln lernte, und namentlich seine Gepflogenheit zu exemplifizieren fand vielfach Nachahmung, auch bei Uz. Vor allem in seinen Briefen folgte ihm Uz hierin nach, und seine grofse Polemik gegen die Schweizer und den jungen Wieland gab ihm Gelegenheit, seinem verehrten Meister auch auf ähnlichem Stoffgebiete nachzueifern. Im wesentlichen freilich waren es hier andere Autoritäten, an die er sich dabei anlehnte, nämlich die Franzosen. Es ist auffällig, dafs Uz selbst in seinem Briefe an Herrn Hofrat Christ (No. 102), wo er seine theoretischen Anschauungen über Poetik am klarsten ausspricht, nicht Horazens ars poetica, sondern Boileau u. a. als Unterstützung heranzieht und in einzelnem sogar in Widerspruch gegen Horaz gerät*). Im wesentlichen freilich steht er ganz auf demselben Boden wie der Römer; das zeigt sich besonders in seinen ernsten Oden, auf die er sich auch in seinem Streit mit den Schweizern mit Nachdruck berief. Der Verlauf dieser litterarischen Fehde ist von August Sauer**) so erschöpfend dargestellt, dafs wir hier mit dem Hinweis auf die einzelnen Belege dort rasch darüber hinweggehen können. Dagegen verdienen Uzens Oden eine nähere Betrachtung, indem er hier über die seichte, anakreontische Auffassung Horazens bei so vielen Zeitgenossen hinausging, ihn tiefer begriff und über ihn hinaus zu einer selbständigen philosophischen Lyrik gelangte. So hatte er denn auch vor allem seinen Oden die Bewunderung seiner Verehrer zuzuschreiben. Lessing zeigte am 21. Januar 1755 in der Berlinischen privilegierten Zeitung***) die zweite Ausgabe seiner Gedichte in diesem Sinne an; Herder feiert ihn mehrfach†) wegen seiner Oden; Sulzer nennt ihn in seiner „Allgemeinen Theorie der schönen Künste"††) unter den besten deutschen Odensängern, und sein Bio-

---

*) Vergl. Uz S. 372, V. 5 ff. mit der epistola ad Pisones V. 47 ff. Bintz' fragmentarische Materialiensammlung über den „Einflufs der ars poetica des Horaz auf die deutsche Litteratur des 18. Jahrhunderts" Hamburg 1892. Programm des Wilhelm-Gymnasiums, enthält nichts hierüber aufklärendes.

**) a. a. O. S. XX—LXII.

***) Lachmann-Muncker VII, 5 f.

†) z. B. In Suphans Ausgabe XVII, 122, 161, XVIII, 403, XXIV, 214 (3. Brief über Horaz); Humanitätsbriefe 102. Br. u. öfter.

††) Leipzig 1774, II. Bd, S. 830—839.

graph im „Fränkischen Archiv" (1790) sagt, fast wörtlich mit Christian Heinrich Schmid übereinstimmend: „Noch nie war der deutschen Ode der kühne Flug gelungen, er allein war es, der sie auf den Fittigen der Begeisterung hoch über ihre früheren Schwestern emporzutragen wußte. . . . . Hoheit und Neuheit der Gedanken, Adel der Gesinnung, Reichtum und Kühnheit der Bilder, gefällige Anordnung, Drang der Sprache, strömende Harmonie hat er in die deutsche Ode gebracht, und mit vollem Rechte gebührt ihm daher die Benennung des deutschen Horaz."

Die Theorien über die Ode, die von Gottsched, Breitinger, von Ramler in seinem Batteux und später noch von Sulzer in seinem ästhetischen Lexicon aufgestellt wurden, und die im wesentlichen darauf hinausliefen, daß die Ode sich eines kühneren Fluges, einer bilderreicheren Sprache, einer freieren Komposition bediene und begeistertere Stimmungen zum Ausdruck bringe als das Lied, sind so vag und gehaltlos, daß Uz sie mit Recht ganz bei Seite ließ und sich an die antiken Vorbilder selbst hielt. Seinem selbständigen, unablässigen Studium der Griechen und Römer[*]) hat er einen guten Teil seiner gesamten Persönlichkeit zu danken. Er hat sich dadurch ein von den allgemeinen, ungenügend fundierten Anschauungen unabhängiges Urteil über die für ihn wichtigsten Dichter der Alten, Anakreon, Pindar, Horaz, Ovid, Vergil, gebildet, das sich bei ständig wiederholter Lektüre immer mehr festigte. So beurteilt er z. B. Pindar ganz ähnlich wie später Herder[**]) abweichend von den modischen Dithyrambendichtern[***]). „Es scheint, daß man sich einbilde, Pindar schwebe immer in den Wolken, sehe immer Gesichte und habe lauter Entzückungen: alles sey prächtig, dithyrambisch, kühn. Ich aber finde in Pindars schönsten Oden diese Dinge nur selten und mit Maß angebracht: er schreibt allzeit edel, aber nicht allzeit tragisch, zuweilen auf ganzen Seiten sehr simple; allzeit feurig, aber nur zuweilen und bey großen Gelegenheiten von starken Affekten entzückt. Kann ich der Erwartung vieler deutschen Liebhaber ein Genügen thun, wenn ich nicht solche rasende und schwülstige Oden liefere, als zuweilen gedruckt werden? Ich kann und mag in diesem Geschmack nicht schreiben; ich gebe auch die beygeschlossene

---

[*]) Nach Schlichtegroll las er noch 1787 den Theokrit, 1788 Pindar.
[**]) In seinen „Humanitätsbriefen", 98. Br.; Suphan XVIII, 102 ff.
[***]) An Gleim 26. Juni 1751.

Ode („Die wahre Gröfse" No. 45) nicht für pindarisch, sondern nur für Uzisch aus."

Uzens „Liebling" ist Horaz, und dieser Vorliebe gibt er in seinen Briefen und Gedichten oft Ausdruck, einmal sehr charakteristisch ihn mit Ovid in Parallele setzend*): „Ich kann nicht leiden, dafs Herr Altenfelder denselben (Horaz) unter Oviden setzen will. Ovid schreibt flüssiger als Horaz; aber auch prosaisch. Ofsenfelder schreibt leider! auch flüssender als Haller; und ist doch ein Insekt gegen ihn. Die Elegie erfordert auch eine leichte und natürliche Schreibart: Denn sie ist die Sprache des Herzens; und Ovid hat diese Sprache vollkommen inne gehabt, sowie Horaz die Sprache der Ode." So nimmt Uz denn auch seinen Horaz zum Vorbild, das er selbständig, „Uzisch" nachzubilden bemüht ist. Der Weise im Sinne Horazens ist oft der Gegenstand seiner Oden, die teils heitere Lebensfreude lehren, teils philosophische oder auch patriotische Stoffe behandeln. Sie sind aber „nicht alle von einerley Fluge. Und auch dieses hat er mit dem Horaz gemein, welcher sich oft in die niedere Sphäre des Scherzes und angenehmer Empfindungen herab läfst, und auch da die geringsten Gegenstände zu veredeln weifs. Nur an schmutzigen Bildern hat unser deutscher Horaz eine gleiche Kunst zu zeigen verweigert. Die Anständigkeit ist das strenge Gesetz, welches seine Muse auch in den Entzückungen des Weines und der Liebe nie verletzet**)." Bei mehreren seiner Oden decken sich die Grundideen mit solchen bei Horaz, und erst allmählich erhält seine Odendichtung ein individuelleres Gepräge, indem er über Horaz hinausschritt und die seine Zeit bewegenden philosophischen und vaterländischen Fragen zu behandeln wagte. Seiner Technik jedoch blieben immer Spuren des horazischen Vorbildes anhaften, wenn er sich auch durch sein Festhalten am Reim gröfsere Beweglichkeit sicherte als die meisten seiner Vorgänger und Zeitgenossen.

Zur Odentechnik der Zeit gehörte es, bisweilen hier einen Gedanken und da eine Wendung nicht blofs zu selbständiger Verwertung von Horaz abzuborgen, sondern oft einfach abzustehlen***). Haller, der nach seiner Hinwendung zur orthodoxen Frömmigkeit „die verbuhlten Verse des Horaz nicht zur echten Ode" rechnen wollte, hatte selbst damit den Anfang gemacht zu der Zeit, als er ihn noch als

---

*) An Grötzner 3. August 1754.
**) Lessing a. a. O.
***) Vergl. Chulevius a. a. O. I, 493 ff.

„ein grofses Muster des guten Geschmacks" pries und seine „lächelnde Ironie in der unschuldigen Schalkhaftigkeit der Satire und in der Kenntnis des gesellschaftlichen Menschen" rühmte. In seiner Ode „die Tugend" (V. 51 f.) ahmte er die berühmten Verse des Horaz (od. III, 3) nach:

> „Si fractus illabatur orbis
> Impavidum ferient ruinae:"
> „Fällt der Himmel, er kann weise decken,
> Aber nicht schrecken*)."

Solche Entlehnungen ziehen sich in mehr oder minder geschickter Form durch die ganze Odenpoesie der Zeit hin, und Uz folgt in diesem Punkte ganz einer Zeitströmung, wie ein paar Beispiele beweisen mögen. Hagedorn schliefst sein Gedicht „Der Weise":

> „Und bebet gleich der Welten Bau und Veste,
> So zaget er bei ihrem Einfall nicht.
> Er stirbt getrost: er segnet seine Zeiten,
> Und heiliget sein Theil den Ewigkeiten."

Auch in Gellerts „Geistliche Oden und Lieder" schleicht sich dieselbe Stelle des heidnischen Dichters ein (S. 114):

> „Lafs Erd' und Welt, so kann der Fromme sprechen,
> Lafs unter mir den Bau der Erde·brechen!
> Gott ist es, dessen Hand mich hält."

Uz drängte sich die Erinnerung an diese Verse auf, als er zu der durch das Erdbeben von Lissabon angeregten Litteratur in seinem Gedichte „Das Erdbeben" (Nr. 66) seinen bescheidenen, doch für ihn sehr charakteristischen Beitrag gab:

---

*) Übrigens hatte schon Opitz in seinem „Trostgedichte in Widerwärtigkeiten des Krieges" III, 195 zum ersten Male diese Verse verwendet:

> „Thut einer, was er soll und ist ihm wohl bewufst,
> Er bleibt bei aller Not und Trübsal bei der Lust,
> Wird nimmermehr gestürzt, ist alle Zeit derselbe,
> Und fiele schon herab das himmlische Gewölbe,
> Dafs alle Winkel hier ganz würden umgestört,
> So stünde doch sein Sinn getrost und unversehrt.·

Die übrigen derartigen Nachahmungen und Entlehnungen aus Horaz in der deutschen Litteratur bis auf Hagedorn, die A. Lehnerdt („Die deutsche Dichtung des 17. und 18. Jahrhunderts in ihren Beziehungen zu Horaz." Königsberg 1882. Progr. S. 2—14) anführt, können hier als belanglos übergangen werden.

„Es müss' auf meiner Stirn, wann schon die Erde bebt,
Der göttliche Gedanke schimmern,
Dafs Tugend glücklich ist und meine Seele lebt,
Auch unter ganzer Welten Trümmern."

In viel ausgedehnterem Mafse als Haller entlehnten Pyra und
Lange einzelne Stellen aus Horaz; Anspielungen und, Entlehnungen
wimmeln hier. Besonders lehrreich ist nach dieser Richtung Pyras
Lied*) „Thirsis hört den Damon an Horatzens Seite singen"; hier
wird Horaz noch nicht, wie später, seines Heidentums wegen verdammt, sondern neben dem formalen Verdienst wird auch der Gehalt
anerkannt, er wird geradezu als Lehrmeister der Ode verherrlicht
(V. 67 ff.):

„Du setzest Dich, du krönst die edle Stirn
Selbst mit den Zweigen grofser Helden.
Dn nimmst dein Spiel, du stimmst; dein Antlitz wird voll Ruh,
Dein Geist voll göttlicher Gedanken,
Die Leyer tönt, des Vorspiels Kraft vertreibt
Den Schauer knechtisch banger Schrecken.

Ein grofser Mann, der voll Gerechtigkeit
Nie von dem weisen Vorsatz wancket,
Wird durch des Pöbels Wut, der tobend Laster heischt,
Und durch der rasenden Tyrannen
Ergrimmten Blick und Antlitz nimmermehr
In seinem festen Sinn erschüttert.

Er scheuet nicht den Zorn des Africus,
Des stürmschen Herrn der wilden Wellen,
Und selbst den grofsen Arm des donnernd starcken Zevs.
Ja stürzte gleich die Welt zusammen,
So würd' ihn zwar der grausen Trümmer Last,
Doch unerschrocken, niederschlagen."

Um den begeisterten „Taumel" in der Ode zu erreichen und
gleich zu Beginn des Gedichtes mafsgebend hervortreten zu lassen,
erschien der Zeit besonders der pathetische Ausruf, die rhetorische
Frage wirkungsvoll, wie gelegentlich auch Horaz beginnt, z. B. od.
III, 25:

---

*) No. 3 des Sauerschen Neudrucks.

„Quo me, Bacche, rapis tui
Plenum? Quae nemora aut quos agor in specus,
Velox mente nova?" etc.

Namentlich Pyra und nach seinem Vorgange Lange liebten dies
um so mehr, als ihnen in Wirklichkeit innere Begeisterung, wahrer
Schwung gar sehr fehlte. So beginnt z. B. Pyra*):

„Wohin, wohin, ihr süfsen Rasereyen,
Des feurigen Vergnügens starcke Lust?
Wohin, wohin, entreifst ihr meinen Geist?"**)

Dieselbe Wendung eignet sich auch Uz für seinen technischen
Apparat an und hebt z. B. in der Ode „Die lyrische Muse"
(No. 17) an:

„Wohin, wohin reifst mich die strenge Wut?
Seht, auf der Ode kühnen Flügeln
Entweich ich, voller Glut,
Der blödern Musen Blick und diesen stillen Hügeln."***)

Solche Satzwendungen und einkleidende Ideen wurden sorgfältig
aufgespürt und immer wieder nachgebildet. Horaz beginnt die 19. Ode
des II. Buches:

„Bacchum in remotis carmina rupibus
Vidi docentem, credite posteri,
Nymphasque discentes et aures
Capripedum Satyrorum acutas."

Dies Bild, diese Satzform mit der Anrede in Parenthese, wurde
mehrfach aufgegriffen und auch bei ganz anderen Absichten für den
weiteren Gedankengang des Gedichtes genau nachgeahmt. Uz schliefst
sich in seiner 1747 entstandenen Ode „Silenus" (No. 32) enge
daran an:

„Ich sah, ihr Enkel, glaubt! mit heiligem Erstaunen;
Ich sah den Gott Silen! Er zechte mit den Faunen,
Und lehrte die bezechte Schaar."

Selbst beim Preise Friedrichs des Grofsen stellt sich dieselbe
Wendung ein, z. B. bei Kleist „Amor im Triumphwagen"†):

---

*) In den „Freundschaftlichen Liedern" No. 15.
**) S. auch No. 2, V. 32 ff.; 2, 44 ff.; 3, V. 21; 3, V. 49; 3, V. 85; 29, V. 79 ff.
u. a.; s. auch Waniek, Jakob Immanuel Pyra, Leipzig 1882. S. 139 ff.
***) S. auch No. 31, 34, 54 u. a.
†) Werke herausgeg. von Sauer, I, 89.

„Ich sah — Ihr Enkel, glaubt dem heiligen Gesicht! —
Ich sah den Liebesgott im Siegeswagen fahren,
Und Helden zogen ihn" u. s. w.
oder bei Ramler „An die Stadt Berlin 1759":
„Ich sahe sie! (Mir zittern die Gebeine!)
Ich sah, bekümmertes Berlin,
Die Göttin Deines Stroms" u. s. f.
Und Lange, sich frömmeren Gedanken zuwendend, polemisiert
gegen diese Stelle von Horaz*):
„Wir sehn den Bacchus nicht auf fernen Klippen
Die Nymphen lehren; Nicht die spitzen Ohren
Des ziegenfüfsigen Satyrs; Wir kennen
Nicht den bessern Wein" u. s. w.**)
Aber nicht blofs einzelne Stellen, die ganze rhetorisch-pathetische
Technik des Horaz mit ihren mythologischen und allegorischen Bildern
war Muster für die Odendichter jener Zeit. Pyra und vor allem Lange
sind trotz ihrer Frömmigkeit in ihren reimlosen Versen ganz abhängig
von ihm. Aber horazischer Geist atmet in den „Horazischen Oden"
Langes nicht; hier werden „Gott, die Muse, Tugend und die Freunde"
mit grofser Frömmigkeit und Friedrich der Grofse mit unbedingter,
aber darum noch nicht poetischer Begeisterung gepriesen; die Nachahmung ist ganz äufserlich, im wesentlichen sind es metrische Versuche ohne wahrhaft dichterischen Gehalt. Geschickter, wenn auch
ohne tiefere Bedeutung sind die Versuche Zachariäs, der ja jede
litterarische Mode mitmachte, z. B. „An das Schiff, das Klopstocken
nach Dänemark führte" nach Horaz I, 3, oder die Verse
„Freund, Freund, die Jahre fliehn hin wie ein stäubender Bach,
Der von dem steilen Felsen fliegt" — nach Horaz II, 14.
Auch Lessings wenige Oden, die ja grofsenteils äufseren Anlässen
entsprangen, erheben sich nicht über diese Vorgänger; trotz des
Reimes sind sie doch ganz abhängig von der horazischen Technik

---

*) „Freundschaftliche Lieder", No. 12, V. 25 ff.
**) Vielleicht gehören selbst „Die beiden Musen" von Klopstock noch hierher
(Ausg. von Muncker-Pawel, I, 108):
„Ich sah, o sagt mir, sah ich, was jetzt geschieht?" u. s. w.
Eine Parodie von Ratschky führt Lehnerdt a. a. O. S. 37 an:
„Ich sah, ihr Enkel, ohne Scherz
Heut Nacht im Traum den Eifrer Merz
Den Predigtstuhl besteigen" u. s. w.

der Zeit und zeigen dazwischen auch Einflüsse Klopstocks. Die Oden
in Prosa sind noch die besten; doch verhielt sich Uz Gedichten in
Prosa gegenüber ablehnend, wie seine Äußerungen über Gerstenbergs
derartige Versuche beweisen*).

Die äußere Nachahmung Horazens, die sich an Pyra und Lange
anschließt, erstieg in Ramlers Gedichten die höchste Stufe. Ramler
dichtete gleichzeitig mit Uz und bildet zu ihm gewissermaßen den
Gegenpol. Während Uz den Gehalt des Horaz und das Pathos seiner
Sprache in seiner Dichtung verwertete, schloß Ramler sich enge, ja
engherzig an die Technik des Römers an. Reimlose Verse, womöglich
in streng antikem Versmaß — eine seiner ersten Oden „Sehnsucht im
Winter" ist auch in Uzens Frühlingsmetrum geschrieben — bildet er
mit besonderer Vorliebe. Einige Gesichtspunkte, die er von Horaz
abstrahiert hat, sind ihm stets gegenwärtig**): kurz soll die Ode sein,
denn die Begeisterung ist nicht langatmig; eine einheitliche Grundstimmung soll herrschen, die im Verlaufe variiert wird; die Mittel-
glieder zwischen den einzelnen Gedanken dürfen und sollen ausfallen,
weil die begeisterte Stimmung das Unwichtige ignoriert und die
„Gedankensprünge" liebt; namentlich eine überraschende Schluß-
wendung gehört zum Odenapparat, der Bilderschmuck soll reichlich
sein; zu ihm gehören auch die „Ausschweifungen", die entweder allgemeine Wahrheiten, oder historische oder allegorische Beispiele,
unter Umständen mit beträchtlicher Breite, ausführen. Nach diesem
Rezepte führte Ramler mit reiflicher Überlegung und unermüdlicher
Feile seine Oden aus, womöglich im einzelnen Falle auch eine einzelne
Ode von Horaz zu Grunde legend, wie z. B. „An ein Geschütz" nach
od. II, 13 oder „An die Göttin der Eintracht" nach od. I, 35 gedichtet ist***). Obwohl nun Friedrich der Große und seine Kriege
den Mittelpunkt seiner Poesie bilden, kleidet er doch seine modernen
Stoffe in eine solche Fülle von allegorischen und mythologischen
Bildern, daß er eine Unmasse von Anmerkungen braucht, um sie
einigermaßen verständlich zu machen; es ist ganz gut zu verstehen,
wenn Johannes v. Müller im Hinblick auf die verstandesmäßige und
langwierige Arbeit an diesen Oden an Gleim schreibt†): „Wie kann

---

*) Henneberger a. a. O. S. 95.

**) S. Dr. Albert Pick, Ramlers Odentheorie im Jahresbericht der höheren Handels-
fachschule zu Erfurt 1886/87.

***) Vergl. Cholevius a. a. O. I, 496.

†) 25. Juni 1781; Körte, Briefe zwischen Gleim, Heinse und Joh. v. Müller,
II. Bd., S. 218.

man Ramler Horaz nennen! Horaz ist freie Natur, er kalter Schweifs!"
Aber so wenig wahrhaft lyrischer Gehalt in Ramlers Oden ist, in
der Odentechnik sind sie Muster ihrer Zeit, die sicher auch für Uz
manchmal vorbildlich waren, wenn er sie auch in seiner Art wohl-
thätig ergänzte. Jedenfalls war ihm die strenge, dem Horaz nach-
gebildete Regelmäfsigkeit hier sympathischer als die kühne Freiheit
Klopstocks und seiner Nachahmer, zu deren Odenpoesie er kein inneres
Verhältnis erlangen konnte, wenn ja auch hier in vielem direkte Einflüsse Horazens nicht zu verkennen sind*).

Entschieden bedeutsamer für Uz war Hagedorn, wiewohl diesem
mehr der Ton des Liedes als der der Ode angemessen ist. Eigentlich nur in seinem grofsem Hymnus an den Wein kommt die pathetisch-
rhetorische Bildertechnik Horazens zur Anwendung, und auch hier
dringen daneben derbere, volkstümliche Züge ein, die gar nicht zu
den antiken Elementen passen. Was Hagedorn aber trotzdem zu
dem glücklichsten Nachahmer des Horaz macht, das ist die innere
geistige Verwandtschaft, die ihn des Horaz Lebensweisheit ganz zur
seinigen machen liefs, und daraus hervorgebend die gröfsere Freiheit
im einzelnen, die ihm ermöglichte, den Reim beizuhalten und doch
echt horazisch zu dichten. Hagedorn stellt den Römer, ganz im
Gegensatz zu den frommen Pyra und Lange, geradezu als Lebens-
vorbild hin, übersetzt einzelne Oden und eine Satire mit ziemlich
grofser Beweglichkeit und Leichtigkeit in gereimte Verse, entnimmt
schon in seiner ersten Gedichtsammlung, dem „Versuch einiger Gedichte" (1729), manches Motto und manche Wendung aus ihm und
giebt in seinem Gedicht „Horaz" eine Verherrlichung seines Vorbildes,
die die Quintessenz der horazischen Philosophie und poetischen Technik
in einer äufserst geschickten Kompilation besonders markanter Stellen
aus dessen Gedichten aufstellt. Aber wenn Hagedorn so auch vielfach mit Horaz, seinem „Freund, Lehrer und Begleiter" ganz ver-
wachsen zu sein scheint, so ist das doch mehr in Liedern und Episteln
der Fall; in der Ode ist ihm Uz überlegen.

In den frühesten Oden von Uz ist natürlich der Anschlufs an
Horaz am engsten und wenigsten selbständig; einmal hat er sich hier
aber auch an Vergil angelehnt, in einer seiner bestgelungenen und
schwungvollsten Oden, dem „Silenus" (No. 32). Vergil erzählt in der

---

*) Über die Einflüsse Horazens auf Klopstock vergl. aufser Munckers Klopstock-
biographie Cholevius a. a. O. I, 493 ff., 409 ff. und 523 ff. und Lehnerdt a. a. O. 25 ff.

VI. Ecloge, wie zwei Hirtenknaben den betrunkenen Silenus finden,
mit Kränzen fesseln und ihn erst wieder lösen, nachdem er ihren
Willen getan und ihnen Lieder gesungen hat, denen sie und die
Najade Ägle aufmerksam lauschen. Diese idyllische Einleitung wandelt
Uz geschickt zur Ode, indem er dafür des Horaz „Bacchum in remotis
carmina rupibus vidi docentem" etc. einsetzt und die Nachahmung
Vergils erst bei dem Inhalt der Gesänge anfangen läfst, ohne jedoch
zu vergessen, uns den Silenus durch den Vergilischen Zug: „inflatum
hesterno venas, ut semper, iaccho" — anschaulich zu machen. Auch
den Gesang des Silenus kann er in der Ode nicht so ausführlich
geben wie Vergil, doch wie dieser beginnt er bei der Weltschöpfung:

> „Du sangst, wie ungestüm das finstre Chaos brüllte,
> Bis Erd und blaue Flut und Luft und Feuer schied,
> Und sich die alte Zwietracht stillte.
> Drauf sey die Harmonie, des Himmels Kind, geboren:
> Der neuen Sonne ward ihr steter Ort erkoren,
> Der Mond nahm seine Herrschaft ein" u. s. w.

> „Namque canebat, uti magnum per inane coacta
> Semina terrarumque animaeque marisque fuissent
> Et liquidi simul ignis; ut his exordia primis
> Omnia et ipse tener mundi concreverit orbis:
> Tum durare solum et discludere Nerea ponto
> Coeperit et rerum paulatim sumere formas;
> Iamque novum terrae stupeant lucescere solem,
> Altius atque cadant summotis nubibus imbres" etc.

Nun läfst Vergil eine Reihe mythologischer Züge folgen, wie es
eben in der Idylle, nicht aber in der Ode passend war. Auch hier
bewährt Uz guten Takt, indem er sich mit einer mythologischen Erzählung begnügt, die er nun aber ganz in der Art vieler Oden von
Horaz breit bis zu Ende durchführt, den „unerwarteten Odenschlufs"
dadurch erreichend. Im absichtlichen Gegensatz zu der bei Vergil
stark herausgearbeiteten liebestollen Pasiphaë wählt er die Geschichte
der keuschen Najade Syrinx, die auf ihr Flehen vor Pans Verfol-
gungen durch die Verwandlung in Schilfrohr errettet wird, wodurch
dann Pan zur Erfindung der Binsenflöte angeregt wird. Bei der
Ausführung sind einzelne Züge der Vorlage verwendet, wenn Uz
die Syrinx, wie Vergil die Pasiphaë, das Gebirge durchstreifen läfst
und ihr schliefslich eine Anrufung ihrer Schwestern in den Mund legt.
Lebhaft, anschaulich, schwungvoll ist die Erzählung geworden, das

Ganze ein treffliches Beispiel von Uzens Freiheit und Kunst in der Verwendung einer Vorlage, während andere Dichter am einzelnen kleben blieben und sich darum nicht zu der Selbständigkeit erheben konnten, die Uz hier und öfter erreicht.

So trefflich aber diese Ode die technische Gewandtheit Uzens hervortreten läfst, im Gehalt ist sie nicht für ihn charakteristisch, sondern nur eine feinsinnige Nachempfindung antiker Lyrik. Die äufseren Mittel sind bei Uz im wesentlichen die Ramlers. Eine einheitliche „geistige Situation"*) beherrscht stets das Ganze, sei sie nun eine äufsere oder innere; von dieser aus aber nimmt die Begeisterung ihren freien Flug und läfst nie die Ode zum blofsen „Stativ" werden, sondern giebt „ein sich bewegendes, beseeltes Gemälde, ein Ganzes mit Anfang, Mitte und Ende". In der Ausführung tritt mit dem historischen, mythologischen und allegorischen Bilderprunk, wenn er auch nicht so überreich verwertet wird wie bei Ramler, doch bisweilen blofse Rhetorik an die Stelle des innerlich Geschauten und Empfundenen. Mit der Technik kommen eben auch die Mängel der horazischen Oden oft zur Erscheinung. Neben vielen pathetisch hochtönenden Wendungen und Bildern, die völlig kalt lassen, gelingt Uz aber bisweilen auch eine Personifikation von anschaulicher Kraft und poetischer Wirkung, z. B. wenn er im Schmerz um Kleists Tod die Freundschaft mit bestäubten Haaren stumm über seiner Urne weinend darstellt**), eine plastische Grabfigur, wie aus Marmor gehauen. Selten macht Uz der Neigung der Zeit zu Bildern aus fremden Erdteilen oder aus naturwissenschaftlichen Errungenschaften, die besonders bei Haller, Creuz, Witthoff u. a. hervortritt, Konzessionen, obwohl es ihm gelegentlich (z. B. in No. 33) gar nicht übel gelingt. Im wesentlichen bleibt er ganz in dem Anschauungskreise Horazens befangen und geht sogar in seinen historischen Beispielen nur sehr selten aus dem Rahmen der alten Geschichte heraus.

Auch für die Stoffe vieler seiner Oden ist Horaz mafsgebend, aber in ähnlicher Weise wie etwa für Hagedorn: sie sind eben in ihren Gesinnungen einander verwandt. Schiller charakterisiert Horaz als Begründer der sentimentalischen Richtung sehr schön***): „Horaz, der Dichter eines kultivierten und verdorbenen Weltalters, preist die ruhige

---

*) Herder, Adrastea Bd. V, 9 Str.; Suphan XXIV, 199 ff.
**) No. 71, V. 13 f.
***) In der Abhandlung „Über naive und sentimentalische Dichtung".

Glückseligkeit in seinem Tibur, und ihn könnte man als den wahren
Stifter dieser sentimentalischen Dichtungsart nennen, so wie er auch
in derselben ein noch nicht übertroffenes Muster ist. Auch in
Properz, Vergil u. a. findet man Spuren dieser Empfindungsweise,
weniger beim Ovid, dem es dazu an Fülle des Herzens fehlte, und
der in seinem Exil zu Tomi die Glückseligkeit schmerzlich vermißte,
die Horaz in seinem Tibur so gerne entbehrte". Wie Horaz preist
auch Uz die einfachen Freuden des Landes im Gegensatz zu dem
üppigen Treiben der Städte, und so stellen sich Analogien die Menge
ein, die gar nicht im einzelnen beabsichtigt zu sein brauchen, z. B. in
der „Einladung zum Vergnügen" (No. 26):

„Die Rasen hier, die weiches Gras bedecket,
Und über die zur Sicherheit
Sich, schattenreich, die breite Linde strecket,
Erwarten uns schon lange Zeit.
    Hier lass' uns, Freund! bey Wein und Liedern liegen:
Wie süß ists, von Lyäen glühn!
Aufl hol ihn her! Ihm folge das Vergnügen,
Und eitle Sorge müsse fliehn".

Dieser Preis des heiteren Genusses in der Stille ländlicher Natur
stammt völlig her von des Horaz (II, 3) „Aequam memento rebus in
arduis servare mentem" etc., ebenso wie die Einladungen eines
Freundes aufs Land bei Pyra, Kleist, Zachariä, Uz u. a. m. aus des
Horaz (III, 29) „Tyrrhena regum progenies, tibi etc. oder „der Winter"
(No. 46) aus dem „Vides, ut alta stet nive candidum Soracte (I, 9).
Die Ideen des „Beatus ille, qui procul negotiis" etc. (II. Epod.) und
der zahlreichen ähnlichen Gedichte von Horaz kehren immer und
immer wieder.   Die Anlehnungen im einzelnen zu verfolgen, wäre hier
zwecklos*); sie sind einerseits zu zahlreich, andererseits zu sehr all-
gemeiner Natur. Alle die Abweisungen der Ideale des Pöbels von
Reichtum, Ehre, Macht, Ruhm u. dergl., die Bilder der Reichen, die
unvergnügt von „Sclaven" umgeben, in prunkvollen Häusern wohnen,
deren Wände „sich in gewirktes Gold verhüllen", die von Golde
speisen und sich prächtig kleiden, von Wucherern, die „jüdisch ganze
Länder pachten" und sich genußlos im Hasten nach dem Gelde auf-
reiben — einmal (in No. 100, V. 3—11) ist sogar direkt der Wucherer

---

*) Cholevius stellt a. a. O. I, 499 noch Uz No. 11, 13, 18, 51, 52 mit Horaz od.
II, 16, I, 31, III, 16, IV, 3, I, 27 zusammen. Doch sind hier die Entlehnungen nicht so
deutlich wie bei den oben genannten Gedichten.

Alfius angeführt —, von dem Landmann, von dessen brauner Stirn
ruhiges Vergnügen lacht, der zufrieden und glücklich ist bei dem mit
Schweiſs erworbenen Brote — sie alle gehen auf Horaz zurück und
tragen bisweilen noch so sehr römisches Gepräge, daſs sie sich nicht
ganz dem sonst deutschen Charakter der Gedichte anpassen. So
stellt sich z. B. bei der Mahnung zur Mäſsigkeit im Genuſs (No. 52)
der Hinweis auf die Völlerei der Scythen wieder ein, den schon
Horaz aus Anakreon entnommen hatte. Besonders aber in seinen
Ausführungen über die nutzlose und freudenarme Üppigkeit der
Reichen ist die Abhängigkeit von Horaz groſs; hier nahm er die
glänzenden, wenn auch kalten Bilder von Pracht und Verschwendung,
die jener im Leben geschaut und nach dem Leben hingestellt hatte,
ohne weitere Umbildung auf, da er aus eigener Anschauung nichts
an die Stelle zu setzen vermochte oder wagte. Die engen Verhältnisse
des kleinen Ansbach beschränken hier seinen Blick, und es ist da
manchmal kaum ein Versuch gemacht, die antiken Verhältnisse in
moderne umzusetzen, was doch Hagedorn selbst bei einer Übersetzung
aus Horaz*) schon mit Glück unternommen hatte. Und doch berühren
die horazischen Weisheitslehren trotz ihrer fremdartigen Einkleidung
aus diesem Munde nicht unwahr; Uz suchte sie auch im Leben zu
verwirklichen, der Weise, der froh den Augenblick genieſst und jede
Fügung des Schicksals mit Gleichmut hinnimmt, war auch hier sein
Ideal. Wie Haller und nach ihm Kleist und so manche andere ver-
achtet auch er den „leichten Rauch der falschen Ehre"**), wie jene
erblickt er in innerer Zufriedenheit „die Mutter wahren Glückes".
Aber er bleibt nicht bei Hallers mehr stoischer, asketischer Philosophie
stehen; so sehr er die Nichtigkeit der gewöhnlichen irdischen
Bestrebungen erkennt, so liegt ihm doch auch darin nur eine Aufforderung zum Genuſs dessen, was der Augenblick bietet***). So

---

*) „Der Schwätzer" nach Sat. I, 9.

**) No. 18, V. 22. — Haller nennt das „geschätzte Nichts der eitlen Ehre" in der
Ode über die Ehre V. 84 „Rauch"; ebenso in dem Gedicht über die Ewigkeit: „Der
Ruhm, der Weise krönt, ist für sie selbst ein Rauch". Die Sehnsucht nach Einfachheit
und Natürlichkeit in den „Alpen" entspricht auch ganz dieser horazischen Zeitströmung.

***) Vgl. Eberts Verse:
„Dies war die unschätzbare Kunst,
Die Flaccus einst . . . .

— — — — — — —

Von Epicur gelehrt, die Musen wieder lehrte,
Und ihm verdanket Uz auch diese Kunst".

kommt auch in den horazischen Oden von Uz in den Entlehnungen und Nachbildungen seines Vorbildes doch immer er selbst, der Kern seiner Lebensanschauung zu Tage.

Neben derartigen, meist ziemlich anspruchslosen Lehren über die Kunst des Lebens stehen aber bei Uz auch pathetische Oden, die von einem höheren Standpunkte aus einzelne Tugenden verherrlichen. Und wie Horaz z. B. die Selbstverleugnung preist, indem er in Regulus ein Musterbild derselben hinstellt (od. III, 5), so exemplificiert Uz den „wahren Mut" (Nr. 65) auf Sokrates, wobei er sogar im einzelnen der Rede des Regulus vor dem Senat die Abschiedsworte des Philosophen an seine Freunde entsprechen läfst, mit einem schönen Bilde das Ganze abschliefsend.

„Sein Tod war glänzend, frey, selbst unter äufserm Zwang, War einer Sonnen Untergang.

Die Königin des Lichts läfst ihre letzten Strahlen Des Meeres blaue Schuppen mahlen, Und weicht mit Majestät, im Purpur ihrer Pracht, Dem kalten Hauche naher Nacht."

Hier ist also eine einzige historische Persönlichkeit in den Mittelpunkt gestellt; ein anderes Mal wählt Uz mit nicht minder klarer Überlegung eine Zweiteilung. Wenn er die „wahre Gröfse" (No. 45) verherrlicht, so weist er zunächst echt horazisch die Wahnvorstellungen des Pöbels zurück und spricht auch Alexander dem Grofsen die wahre Gröfse ab, da ihn nur Ruhmsucht zu seinen grofsen Taten getrieben habe. Nur der edle Menschenfreund der in „reinem Eifer", in selbstloser Liebe, „nicht um schnöden Lohn" Grofses vollführt, wird von der Tugend mit dem Lorber bekränzt wie Timoleon, der Befreier von Syracus. Man sieht, hier herrscht nicht blofs Klarheit der Komposition, sondern eine so genaue Überlegung, dafs man von diesen Oden wie Erich Schmidt von denen Ramlers sagen kann: hier ist Kopfstimme, nicht Bruststimme. Es ist manches mehr rhetorisch als lyrisch.

Wenn man aber diese Oden mit anderen „moralischen" Gedichten der Zeit vergleicht, so mufs man doch einen bedeutenden Fortschritt auf dem Wege zur Verinnerlichung der Gedankendichtung feststellen. Schon der Bruch mit dem fast allein herrschenden Alexandriner einerseits, den steifen reimlosen Versen Pyras andererseits brachte eine gröfsere Beweglichkeit mit sich; dem Verlassen der trockenen Versformen entsprach auch immer mehr gesteigertes Abweichen von dem rein moralisch didaktischen oder orthodox frommen Gehalte der Gedichte. Durch die Entfesselung der Versform wie der Phantasie kam allmählich auch mehr Gefühl in die Gedankendichtung, Schillers Gedankenlyrik vorbereitend. Es ist bedauerlich, daſs Scherer in seiner Litteraturgeschichte (S. 419), nur Uzens anakreontisches Debüt erwähnt, seine beachtenswerte Teilnahme an der Odendichtung aber bei seiner Beurteilung von Klopstocks Verdienst um die Erneuerung der ernsten Lyrik, die Haller begonnen, Pyra und Lange fortgesetzt hatten, (S. 426) gar nicht berücksichtigt. Schiller hat die Bedeutung Uzens nach dieser Richtung wohl erkannt; in seiner Abhandlung über naive und sentimentalische Dichtung glaubt er sich einer Würdigung Uzens nur deshalb überheben zu dürfen, da sein Zweck hier nicht sei, „eine Geschichte der deutschen Dichtkunst zu schreiben“, sondern nur Beispiele zu seinen ästhetischen Ausführungen zu geben; jedenfalls nennt er ihn als einen der ersten von den Dichtern, „welche uns durch Ideen rühren und, in der oben festgesetzten Bedeutung des Wortes, sentimentalisch gedichtet haben“. Besonders gilt dies freilich von den Oden, die durch Ereignisse in seinem persönlichen oder im politischen Leben angeregt waren oder in den Einflüssen der zeitgenössischen Philosophie ihren Ursprung haben.

III.

Horaz, dessen belebenden Einwirkungen wir in der Lyrik jener Zeit überall begegnen, gab auch das Vorbild zur Hebung der Gelegenheitspoesie. Wie er mehrfach, z. B. od. I, 3*) bei der Abreise Vergils die Tollkühnheit der Menschen darstellend, die unersättlich stets das Verbotene erstreben, sich bei Anlässen des Tages zu allgemeinen Betrachtungen erhebt, so suchen seine deutschen Verehrer allmählich auch aus der platten Gelegenheitsreimerei herauszukommen, die im 17. Jahrhundert so unbeschränkt geherrscht hatte und in Gottsched noch einen einfluſsreichen Vertreter besaſs. Haller war auch hier der erste, der mit Erfolg versuchte, das Gelegenheitsgedicht in eine höhere Sphäre zu heben; seine Ode „die Ehre; als Herr Giller den Doctorhut nahm“ deutet fast nur durch die Überschrift auf den Anlaſs ihrer Entstehung hin. Die Übung des Horaz, seine Oden oft

---

*) Wohl stellenweise die Vorlage für Uzens schöne „Sehnsucht nach dem Frühlinge“ (No. 75).

an bestimmte Personen zu richten, war hier auch förderlich; sie ging zunächst ganz äufserlich auf Pyra, Lange, Ramler, Gleim, Kleist, Zachariä, Uz u. a. m. über, oft ohne dafs ein tieferer Bezug zwischen dem Adressaten und dem Inhalt des Gedichtes vorhanden gewesen wäre. Bisweilen kam aber doch eine etwas individuellere Färbung dadurch in die Oden, und so sehen wir auch hier aus einer zuerst rein äufserlichen Form einen Keim zur freieren Entfaltung der Subjektivität sich bilden, die der Lyrik so notwendig ist.

Uz als ein berühmter Poet in einer kleinen Residenz konnte sich natürlich der Pflicht nicht entziehen, bei politischen Festlichkeiten das officielle Huldigungsgedicht zu verfertigen. Wenn auch sein Landesfürst erst 1770 bei dem Papste Clemens XIV. zufällig von seiner Existenz Kunde erhielt, als dieser ihm zu dem Besitze eines so trefflichen Dichters gratulierte, so kannten ihn doch die Hofbeamten und Minister sehr wohl. So wurde er bei der Vermählung des Erbprinzen Carl Alexander mit der Prinzessin Friederike Caroline von Sachsen-Saalfeld-Coburg mit der Anfertigung zweier Gedichte beauftragt, wofür er zu seiner Befriedigung eine grofse silberne und zwei kleinere goldene Medaillen erhielt*). Diesen Anlafs liefs er sich noch gerne gefallen; die Verse aber, die er auf Bitte der ihm höchst unsympathischen Lady Craven**) als Prolog zu einer Komödie von Collé machen mufste, mögen ihm schwer geworden sein. Denn er arbeitete „an allen solchen Lobschriften mit Zwang und Widerwillen"***). Öffentlich durfte er seine Abneigung gegen solche Gelegenheitsgedichte nicht aussprechen, wie es Haller tat; aber während Gottsched seine Lobgedichte auf Fürstlichkeiten und hohe Herren in seiner Gedichtsammlung in gewissenhafter Reihenfolge nach der Ordnung der Etiquette sorgfältig zusammenstellte, schlofs Uz die seinen von seinen Sammlungen aus, so dafs uns nur wenige davon erhalten sind. Der Verlust ist nicht grofs; schon den wenigen geretteten merkt man deutlich an, wie wenig Herzensanteil der Dichter daran hatte.

Anders ist es mit seinen Klagegedichten um den Tod ihm nahe stehender Personen. Mit dem Gedichte beim Tode der Freifrau von Wechmar (No. 115) erfüllte er eine Dankespflicht, da ihr Gatte ja seine Ernennung zum Assessor durchgesetzt hatte; so hat hier Uz

---

*) Henneberger S. 48 f.
**) S. Sauer S. LXXXIII.
***) An Grötzner 5. Jan. 1755.

einen ehrfurchtsvollen, doch warmen Ton, ohne aber über die Gedanken hinauszukommen, mit denen er auch seinem Freunde, dem Hofrat Christ, Fassung beim Verluste seiner Gattin zuzusprechen versucht hatte. Dieses Gedicht, der „standhafte Weise" (No. 40), ist eines seiner besten, indem hier das äufsere Ereignis nicht Kern, sondern blofs Anlafs ist und die Gedanken mit wirklicher innerer Wärme und Teilnahme vorgetragen sind. Nicht so gut ist dies in der Elegie auf den Tod Cronegks (No. 70) gelungen; hier bleibt Uz etwas zu sehr bei dem trüben Gedanken des Verlustes stehen, den die Dichtung und die Freunde erlitten, ohne sich zu philosophischem Troste zu erheben. Die Ode auf den gefallenen Ewald von Kleist ist eine der besten vaterländischen und zugleich die Fritzischeste von Uz.

Auch die patriotische Dichtung ist von Horaz nicht ganz unabhängig. Zwar verfällt Uz nicht in Ramlers Unfreiheit der Nachbildung, sondern mit dem Inhalt wird auch die Form eingedeutscht; aber die Klage über den Verfall der heimischen Sitten und der Hinweis dabei auf die männlicheren Vorfahren (in No. 21 und 56) erinnert stark an Horaz od. III, 6: „Delicta majorum immeritus lues" etc. u. a. Und die heitere Schlufswendung der schwungvollen Ode „Das bedrängte Deutschland" (No. 16), bei der dem Dichter vielleicht auch die VII. Epode vorschwebt, ahmt bewufst, wie schon Herder bemerkte*), den Schlufs von Horaz II, 1 od. nach:

> „Sed ne relictis, Musa procax, jocis
> Ceae retractes munera neniae,
> Mecum Dionaeo sub antro
> Quaere modos leviore plectro" —
> „Doch mein Gesang wagt allzuviel!
> O Muse! fleuch zu diesen Zeiten
> Alkäens kriegrisch Saitenspiel,
> Das die Tyrannen schalt, und scherz auf sanftern Saiten"**).

---

*) In den „Kleinen Schriften" 1791—1796, „Boileau und Horaz"; Suphan XVIII, 403.

**) Es ist interessant, dafs solche Anlehnungen an Horaz selbst bis in die Lyrik des Göttinger Hains sich fortpflanzen; mit Recht nennt Kräger (Joh. Martin Millers Gedichte. Bremen 1892, S. 14) Stolbergs: „Mitten im kreisenden Strudel Sänge Stolberg sein Vaterland" ein neues Si fractus illabatur orbis. Überhaupt lassen sich deutlich die Einwirkungen der Horazianer und Anakreontiker auf die Göttinger verfolgen, was Kräger mehrfach andeutet; die Elemente der neuen Lyrik der Stürmer und Dränger sind im Keime grofsenteils nicht blofs bei Klopstock, sondern auch den ihm gleichzeitigen Lyrikern vorhanden, so dafs der Sprung in der Entwicklung hier nicht so grofs ist, als man gemeiniglich annimmt. Vergl. auch Lehnerdt a. a. O. S. 31 ff. u. 38 f.

Und ganz in Tone der horazischen Oden ist auch der Preis des „Patrioten" (No. 78) gehalten. Der erste Teil dieses Gedichtes ist wieder rein äufserlich rhetorisch. Uz redet den Patrioten an: umsonst führt der Eigennutz gegen dich

> „mit Jauchzen und Gesängen,
> Die lockende Verführung an;
> Und ihr Gefolg, die güldne Pracht,
> Den stolzen Reichtum, mit der Ehre,
> Die Pfauenflügel schwingt, und einem Freudenheere,
> Das um die süfse Wollust lacht."

Das sind die rein äufserlichen Personifikationen, die ebenfalls von Horaz in die deutsche Lyrik herübergekommen sind und so gar nicht zum Herzen sprechen. Im zweiten Teile aber wird gröfserer Schwung erreicht, indem das gewählte historische Beispiel vom Verfalle Roms breit ausgestaltet und sein Schutzgeist um das Aussterben der Patrioten trauernd eingeführt wird:

> „Dann klagt er laut: sie sind nicht mehr!
> Des Colosseums öde Mauern
> Beginnen rund umher antwortend mit zu trauern,
> Tiefbrausend, wie ein stürmisch Meer:
> Sie sind nicht mehr, und Rom starb nach!"

Wenn Uz hier das allgemeine Idealbild eines Patrioten aufstellt und feiert, so war er auch selbst ein warmfühlender Patriot, der die Schmach der französischen Übergriffe wie das Kriegselend der deutschen Lande tief empfand. In seinen Briefen spricht sich dies freilich oft etwas philisterhaft aus; er ärgert sich, dafs zu den Kriegszeiten die Posten unregelmäfsig gehen und die Leipziger Messe weniger bietet als sonst; er ist verdriefslich und unmutig über die Beunruhigungen; er macht gelegentlich spiefsbürgerliche Scherze nach Art von Gleims scherzhaften Liedern, dafs die Husaren die Mädchen schonen möchten. Aber an anderen Stellen wieder bricht das wahre, tiefere Gefühl durch: „wer nur einige Liebe zum Vaterlande hat, kann nicht gleichgültig bleiben", schreibt er am 31. Juli 1757 an Grötzner und am 24. Oktober desselben Jahres: „Wenn trübe Wolken von neuem über Ihrem so kleinen als unruhigen Staate zusammenziehen, so können Sie von ferne zusehen und lachen, insofern ein guter Bürger über das Elend seines Vaterlandes lachen kann." Und Deutschland, nicht blofs sein kleiner Heimatstaat ist für ihn wie Klopstock das Vaterland. Für ganz Deutschland fleht er um Wiederkehr der Freiheit, um Befreiung

von den fremden Eindringlingen (No. 69). Mit Feuer und Lebendig-
keit schildert er die Schmach Deutschlands, um dann zu schliefsen:

„So tief sind wir gesunken!
Wer diese Frevel sieht,
Und nicht von edlem Unmuth glüht,
Hat der an deutscher Brust getrunken?
Mit nahem Joch bedroht,
Scheut ein Germanier den Tod?"

Hier zeigen sich entschiedene Berührungen mit Klopstock, und
es ist charakteristisch, dafs in die erste Fassung des hier besprochenen
Gedichtes auch „die edlen Wenigen" Eingang gefunden haben, die
jener so sehr liebt.

Ein Punkt, der den besonderen Groll Uzens erregte, war der
Verfall deutscher Sitte und Sittlichkeit, der ihn zu herber Satire
reizte. Besonders in seinem auch von anakreontischen Zügen be-
einflufsten und litterarischer Polemik dienenden komischen Epos, dem
„Sieg des Liebesgottes", aber auch in anderen Gedichten machte er
seinem Herzen nach dieser Richtung Luft. Hier ist vor allem die
Berührung mit Haller aufserordentlich stark; doch ist Haller noch
bitterer, dabei aber auch steifer und lehrhafter. Wie sich die beiden
Dichter aber selbst in Einzelheiten berühren, mag ein Beispiel zeigen.
In Hallers „Verdorbenen Sitten" heifst es V. 185 f.:

„Bei solchen Herrschern kann ein Volk nicht glücklich sein!
Zu Häuptern eines Staats gehöret Hirn darein."

Dieselbe Idee führt Uz satirisch lebhafter aus (No. 21):

„Doch dafs wer Ländern rathen wollte,
Auch reifen Witz beweisen sollte,
Hiefs ihnen Billigkeit.
Die nützlichste von allen Gaben
Ist, einen schweren Seckel haben,
Zu ihrer Enkel Zeit."

Ein weit wichtigerer Punkt aber ist bei beiden Dichtern der
Abscheu gegen Eroberungskriege, die Forderung an den Fürsten,
für das Glück seines Volkes, nicht für seinen Ruhm und seine Macht
zu sorgen. Und hierin stimmen beide ganz überein mit Klopstock,
dessen Poesie sie im übrigen so fremd gegenüber stehen.

Haller hatte in den „Verdorbenen Sitten" (V. 244) den friedlichen
Monarchen verherrlicht: „Du bist ein gröfsrer Mann als alle Welt-
bezwinger." Mit hinreifsendem Feuer ergriff Klopstock diesen Ge-

danken, den er der laut preisenden Begeisterung für Friedrich den Grofsen gegenüberstellte. Nicht in dem preufsischen, sondern dem dänischen Friedrich erblickt er den echten „Vater des Vaterlands":

> „Viel zu theuer durchs Blut blühender Jünglinge,
> Und der Mutter und Braut nächtliche Thrän' erkauft,
> Lockt mit Silbergetön ihn die Unsterblichkeit
> In das eiserne Feld umsonst!
>
> Niemals weint' er am Bild' eines Eroberers,
> Seines gleichen zu seyn! Schon da sein menschlich Herz
> Kaum zu fühlen begann, war der Eroberer
> Für den edleren viel zu klein!
>
> Aber Thränen nach Ruhm, welcher erhabner ist,
> Keines Höflings bedarf, Thränen geliebt zu seyn
> Vom glückseligen Volk, weckten den Jüngling oft
> In der Stunde der Mitternacht" u. s. w.*)

Mit nicht minder tiefer Empfindung erhebt Uz während des 7jährigen Krieges die Anklage gegen die kämpfenden Herrscher**):

> „Seht! Eures Volkes Blut raucht strömend von der Erden!
> Ach! Diefs betrogne Volk ergab
> Sich unter euern Hirtenstab,
> Geweidet, nicht gewürgt zu werden.
>
> Der Vater seines Lands, und blieb' er auch verborgen,
> Ist nicht geringer, als der Held.
> Die Sorgen um das Glück der Welt
> Sind wahre königliche Sorgen." u. s. w.

Und schon 1742, also lange vor Klopstocks Auftreten, hatte er in dem „Lobgesang des Frühlings (No. 1) direkt ausgesprochen, die Pflege von Kunst und Wissenschaft, Poesie und Wohlstand des Volkes stehn für ihn bei einem Fürsten am höchsten:

> „O lafs dir diese güldne Zeit
> Noch mehr als Friedrichs Muth gefallen:
> Hiervon, und nicht von Krieg und Streit,
> Du junge Muse! lafs die neuen Saiten schallen."

---

*) Widmungsode des „Messias" an Friedrich V.; Oden, herausgeg. von Muncker und Pawel I, 86 ff.

**) An Herrn Canonicus Gleim No. 68.

Auch Kleist hegte in diesen Dingen trotz seiner Verherrlichung
der preußischen Armee und seiner unbegrenzten Verehrung für Friedrich den Großen im wesentlichen die gleichen Gesinnungen. Auch
er hat wie Uz und Klopstock Mitgefühl mit dem leidenden Landmann,
auch er sieht in friedlicher Förderung des Volkswohles die wahre
Aufgabe des Regenten:

> „Ihr, denen zwanglose Völker das Steu'r der Herrschaft vertrauen,
> Führt ihr durch Flammen und Blut sie zur Glückseligkeit Hafen?
> Was wünscht ihr, Väter der Menschen, noch mehrere Kinder? Ist's
> wenig,
> Viel Millionen beglücken? Erfordert's wenige Mühe?
> O, mehrt derjenigen Heil, die Eure Fittige suchen!
> Deckt sie gleich brütenden Adlern, verwandelt die Schwerter in
> Sicheln,
> Belohnt mit Ehren und Gunst Die, deren nächtliche Lampe
> Den ganzen Erdkreis erleuchtet!" u. s. w.*)

Im Gegensatz zu diesen drei Dichtern befinden sich Lange, Gleim,
Ramler und manche andere, die von der Größe der Persönlichkeit
Friedrichs II. hingerissen kaum etwas anderes kannten als Bewunderung
und Preis des siegreichen Königs. Sehr charakteristisch ist z. B.
Langes Ode auf den Frieden, in der alles mit rhetorischem Pathos
zur Verherrlichung Friedrichs gewendet wird, ähnlich, wenn auch
weit minder maß- und geschmackvoll wie bei Horaz Ode IV, 15 zum
Preise Cäsars: Friedrich ist es, der uns den Segen des Friedens gibt:

> „Nun kehren noch einmal die goldnen Zeiten zurücke,
> Auf Friedrichs Befehl weicht Mars der besseren Pallas,
> Gerechtigkeit eilt, die weißgekleidete Treue
> Umhalsend zu küssen."

Auch Zachariä schließt seine „Hercynia" mit der Botschaft vom
Hubertusburger Frieden frohlockend ab, während Uz, noch ganz
unter dem Eindruck der überstandenen „unerhörten Plagen" und der
Folgen des langen Kriegselends, zürnend ausruft (No. 76):

> „Gekrönte Häupter großer Staaten,
> Seht eure Thaten,
> Und wie ihr uns beglückt!
> Zählt die erschlagnen Unterthanen,
> Wann ihr, von Heldenlust entzückt,
> Auf die ersiegten Fahnen
> Stolz lächelnd blickt!

---

*) „Frühling" V. 128 ff., W. I, 182.

> Wie lange werden doch die Fürsten
> Nach Lorbeern dürsten,
> Wie Mars nach Blute schnaubt!
> Mit Schande, nicht mit Lorbeerkränzen,
> Verhängnis, kröne dessen Haupt,
> Der wieder unsern Gränzen
> Den Frieden raubt!"

Es ist bei dieser Gesinnung Uzens auch erklärlich, dafs Gleim seinem Freunde zuerst seine Autorschaft der Lieder eines preufsischen Grenadiers nicht eingestehen mochte. Doch wenn auch Uz die darin ausgesprochenen Gesinnungen nicht teilte, und selbst derartiges zu dichten nicht im Stande gewesen wäre, so hielt er doch die „preufsischen Kriegslieder" für „Meisterstücke". Denn in dem einmal entbrannten Kriege stand er doch mit seiner ganzen Sympathie auf Seite Friedrichs, den er durchaus nicht wie Klopstock poetischen Lobes unwert fand. Die Macht der Persönlichkeit verfehlte auch auf Uz ihre Wirkung nicht, zumal die Franzosen und Russen zu Friedrichs Gegnern gehörten. Schon als Anfänger (1741) hatte er sich zur Feier des jungen Monarchen in französischen Versen versucht (No. 107), eine gar nicht befremdliche Erscheinung zu einer Zeit, wo nicht blofs Gg. Ludwig v. Bar seine eleganten französischen Gedichte schrieb, sondern auch ein Lessing, Cronegk, Kleist u. a. m. gelegentlich dem grofsen Fürsten zu Ehren mehr oder minder unbeholfene Versuche in der fremden Sprache machten. Eine höhere Weihe erhielt für ihn Friedrichs Sache durch den Tod des edlen Kleist, den er im Gefilde der Seligen mit anderen Helden Friedrichs vereint für seines Königs Sieg betend sich vorstellt (No. 71). Und als 1760 Preufsens Lage sich ungünstig zu gestalten schien, da entlockte sie ihm gerade so wie Ramler*) ein zuversichtliches Gedicht**): eine höhere Macht wird Friedrich doch zum Siege führen, wenn er auch jetzt zweifelhaft erscheint; wir dürfen bei Prüfungen nicht murren und nicht vorschnell klagen. So dringen preufsenfreundliche Strömungen nach dem kleinen

---

*) „An die Feinde des Königs 1760"; die erste Strophe ist wohl unter dem Einflufs von Uzens „Das bedrängte Deutschland" (No. 16) entstanden und lautet:

> „Wie lange schwingt die rasende Megäre
> Die Fackel? Götter dieser Welt,
> Warum verfolgt ihr ihn, zu seiner eignen Ehre,
> Den unbezwungnen Held?

**) „Das Schicksal", No. 74.

Ansbach; in der Hauptsache aber ist Uz national deutsch gesinnt. In Inhalt und Form sind seine patriotischen Gedichte kräftig und gediegen, und so werden sie auch von Herder, wie er sich über die Teilnahme der Poesie an öffentlichen Dingen in den „Humanitätsbriefen"*) ausspricht, rühmend erwähnt. „Mehrere tapfere Gedichte auch aus unserm Vaterlande von Luther, Opitz, Logau, und nach einem grofsen Sprunge der Zeiten von Kleist, Gleim, Uz, Klopstock, Stolberg, Bürger u. a. sind uns in Herz und Seele geschrieben"; und im 12. Briefe kommt er wieder auf Kleist, Uz und Gleim zurück, um ihren Zeitgedichten „unverwelkliche Lorbeern" zuzuerkennen.

IV.

Die gleiche Innerlichkeit herrscht in Uzens „goldenen philosophischen Oden", wie Herder sie nennt**); sie bezeichnen den Höhepunkt seiner poetischen Leistungen***). Die früheste derselben ist das Gelegenheitsgedicht „Der standhafte Weise" (No. 40) beim Tode der Gattin seines Freundes Christ. Hier erweitert sich der Gesichtskreis über Horaz hinaus, der Ernst des tatsächlichen Hintergrundes macht flache Rhetorik unmöglich; nicht stoische Gefühllosigkeit will er dem Freunde zumuten, denn die Natur des Menschen ist nicht gefühllos, aber die Weisheit kann die Gefühle beherrschen. Tut sie es der sinnlichen Lust gegenüber, so kann sie es auch bei seelischem Leid. Der Weise ist sich bewufst, dafs dem Sterblichen kein Gut auf ewig verliehen ist, so mufs er sich auch beim Verluste zu fassen wissen; denn nicht Genufs, sondern Tugendübung ist Zweck unseres Daseins, und immer ist uns gewifs, dafs was uns auch geschieht, uns zum Wohle gereichen mufs, und dafs in dem Plane des Schöpfers, der seine Geschöpfe liebt, alle Disharmonien sich in Harmonien auflösen. Hier sind also im wesentlichen Shaftesburysche Ideen vorgetragen: Die Natur des Menschen als Grundlage seiner Handlungen, die Zurückweisung des Sinnengenusses, die Rechtfertigung des ein-

---

*) I. Sammlung, 11. Br.
**) Humanitätsbriefe, VIII. Sammlung, 102. Br.
***) Der Umstand, dafs die philosophische Lyrik Uzens, auch so weit sie keine direkte Einwirkung Horazens erkennen läfst, doch erst aus seiner horazischen Odenpoesie hervorgehen konnte und diese somit gleichsam krönt, mag die folgende scheinbare Abschweifung in diesem Zusammenhange erklären und rechtfertigen.

zelnen Übels durch die Rücksicht auf die, dem Menschen nicht ge-
gebene, Einsicht Gottes in die Zwecke des Ganzen — Ideen, die aber
auch bei Leibniz vertreten sind. Die Shaftesburysche ethische Grund-
forderung: bewufst gewollte Harmonie der social und private affections,
der Nächsten- und der Selbstliebe, die auch Pope, freilich von anderen
Voraussetzungen ausgehend, aufstellt, spricht Uz ungemein klar in der
Ode „Die Glückseligkeit" (No. 49) aus:

„Der ganzen Schöpfung Wohl ist unser erst Gesetze:
Ich werde glücklich seyn, wenn ich durch keine That
Diefs allgemeine Wohl verletze,
Für welches ich die Welt betrat:

Wenn wider meine Pflicht mein Herz sich nicht empöret,
Und niedrer Eigennutz, der die Begierden stimmt
Und ihre Harmonie zerstöret,
Nicht unter meinen Trieben glimmt."

Auf Shaftesbury weisen auch die „Empfindungen an einem
Frühlingsmorgen" (No. 58). Die stimmungsvolle Einleitung berührt
den, Shaftesbury und Leibniz gemeinsamen, teleologischen Beweis für
das Dasein Gottes, freilich ein wenig an die Kleinlichkeit von Brockes
streifend; und nach einer Klage über die Schlechtigkeit der Menschen
und einem Gebet an die Weisheit, wird zum Schlufs das Shaftesburysche Ideal des Glückes aufgestellt, das nicht in äufseren Gütern,
sondern der wohlgeordneten Gemütsbeschaffenheit besteht; die Seele
des Weisen

„suchet nicht ihr Glück in schimmerreichen Bürden,
In Ehre, Gold und ekler Pracht,
Nicht bey den thierischen Begierden,
Durch die ein Geist sich Thieren ähnlich macht.

Sie sucht und findet es in reiner Tugend Armen,
Die sich für Andrer Wohl vergisst,
Und, reich an göttlichem Erbarmen,
Vom Himmel stammt, und selbst ein Himmel ist."

Diese letzte grofse Frage, die ethische, in gröfserem Zusammenhange zu behandeln, setzte sich Uz in seinem grofsen Lehrgedicht, dem
„Versuch über die Kunst stets fröhlich zu sein", als Aufgabe. Das
Problem aber, die Übel und das Böse in der Welt mit der Güte
und Weisheit Gottes in Einklang zu bringen, war das Ziel seiner

„Theodicee", jener Ode, „die einen philosophischen Kopf nicht anders als entzücken kann", wie Lessing (a. a. O.) überschwänglich sagt *).

Mit pathetischem Eingang beginnt Uz seine Ode: Leibniz soll sein Führer zur Erkenntnis der Wahrheit sein, ihm will er folgen und die Spötter niederschlagen. Dann geht er zu seinem Thema über: Gott sieht vor der Erschaffung der Welt tausend Möglichkeiten, Welten, in denen Greuel wie der von Sextus an der Lucretia verübte fehlen; aber er wählt sie nicht, sondern unsere Welt. Er, der weiseste, läfst unsere Welt entstehen, und wir in unserm „Maulwurfswahn" wollen ihn darum tadeln? Von solch beschränkter Anschauung schwingt sich der Dichter empor zu erhabener Höhe, wo die Erde nur noch als kleiner Teil des ungeheuren Weltalls und die Menschen als winzige Lebewesen darauf erscheinen. Im Gefühle ihrer eigenen Kleinheit sollen die Menschen aber auch Geschöpfen anderer Art gleiches Recht einräumen. Sorgt ja doch die ewige Weisheit für die kleinste Fliege gerade so wie für das Geschick eines Staates wie Rom, ja wie für den regelmäfsigen Lauf der Gestirne. Das ganze Weltall ist zweckmäfsig eingerichtet, und diese weise Zweckmäfsigkeit ersehen wir in dem „Heere bewohnter Sterne" gerade so gut wie auf unserer Erde. Die Übel der Welt sucht Uz zuerst geschichtsphilosophisch zu erklären: wir sehen Unheil und Missetat in der Geschichte immer zu späterem Heile ausschlagen. So ersteht z. B. aus dem Blute der Gattin Collatins die Freiheit eines grofsen Volkes. Umgekehrt findet übles Tun seine Strafe; so führt z. B. die Verweichlichung der Römer zum Verluste ihrer Macht, indem die kraftvollen Germanen sie überwinden. Man darf eben nie eine einzelne Tatsache an sich betrachten, im Zusammenhange des Ganzen erst findet sie ihre Erklärung und Rechtfertigung, und diesen können wir sterbliche Menschen nicht übersehen. Wenn aber alles Böse fehlen sollte, so müfste der Mensch überhaupt nicht da sein, dessen eigentümliche Stellung erheischt, dafs

---

*) Alle Krifker von Uz erklären sie einstimmig für sein bedeutendstes Gedicht; charakteristisch ist z. B. die Exclamation Chr. H. Schmids: „Welche Majestät der Gedanken! Der höchste Flug, den ein lyrischer Dichter nehmen kann! Sie ist über alle unsere Oden so weit erhaben, als unsere Philosophie über die Philosophie der Alten... In dieser Ode kann man empfinden, einen wie viel gröfseren Dichter wir an Uz als die Franzosen an ihrem Rousseau haben und wer wirft nicht die Idee de la Poésie Allemande von Dorat mit Unwillen aus der Hand, wenn er ihn viel von der deutschen Ode schwatzen hört, ohne den Verfasser der Theodicee zu kennen."

er Willensfreiheit und also die Möglichkeit zu fehlen habe, da er in der nie springenden, sondern in allem stufenweise geordneten Natur eine Mittelstellung zwischen dem Engel und dem Wurme einnimmt. Die Willensfreiheit kann nur eine Sklavenseele leugnen, die das höchste Vorrecht des Menschen nicht erkennt. In Unfreiheit kommt der frei-geborene Geist nur durch Selbstverzärtelung, dieser entgegenzuarbeiten ist aber Aufgabe des Menschen, der seinem Begriffe nach nicht voll-kommen ist, sondern durch Tugend sich des höheren Zustandes würdig machen soll, der ihn in einem anderen Leben erwartet.

Uz hat in seiner „Theodicee" in sehr glücklicher Weise alle die Gedanken verwertet, die zu seiner Zeit oft und von verschiedenen Dichtern über das in der Luft liegende Thema vorgetragen wurden. Mafsgebend waren unter den Dichtern vor allem Haller und Pope, von den Philosophen Leibniz und Shaftesbury; bei diesen ging man in die Schule, ihre Ideen wurden variiert, seicht und breit immer mehr popularisiert. Da sich nun alle hier in Betracht kommenden Dichter in vielen Punkten berühren und gegenseitig ausschreiben, und Uz die wichtigeren sicherlich alle kannte, so ist es schwer, die Herkunft der einzelnen Ideen bei ihm zu bestimmen. Doch ruft er Leibniz sofort als seinen Führer an; dafs er gerade um jene Zeit (1753/54) sich mit Shaftesbury befafst hat, beweist ein Zitat in seinem grofsen kritischen Brief an den Hofrat Christ*) aus dem Jahre 1754; und die Bedeutung Hallers auch für dies Gedicht von Uz springt durch Parallelstellen ziemlich in die Augen. So läfst sich Uzens Stellung mit Hilfe der vortrefflichen Untersuchung Georg Bondis über „das Verhältnis von Hallers philosophischen Gedichten zur Philosophie seiner Zeit"**) doch ziemlich sicher darlegen.

Herder zitiert in seinen Gesprächen über Spinozas System***) Uz, „einen unserer beliebtesten Dichter", um in ihm Leibniz zu bekämpfen; denn sein Gedicht sei „die treue Theodicee des Leibniz, schön versi-fiziert; doch aber, wie mich dünkt, vom Philosophen gedacht auf Kosten rein-philosophischer gotteswürdiger Wahrheit. Vor Gott lagen keine Risse aufgeschlagen; er safs nicht wie ein grübelnder Künstler, der sich den Kopf zerbrach, entwarf, verglich, verwarf, wählte. Kein Reich des Möglichen ist aufser der Macht und dem Willen des Un-

---

*) No. 102, S. 367.
**) Leipzig 1891.
***) „Seele und Gott", II. Gott, 3. Gespräch.

endlichen da: denn wenn ers nicht schaffen wollte, nicht konnte: so
war es nicht möglich." „Ein fortgesetzter feiner Anthropomorphismus"
wird Leibniz vorgeworfen. Und ferner wird auf die Schwäche des
Beweises hingewiesen, den Leibniz und Uz benützen: wir sehen oft
im Einzelnen gute Endzwecke; also sind in der Einrichtung der Welt
gute Endzwecke verfolgt; also müssen wir sie auch da annehmen,
wo sie nicht sichtbar zu Tage treten. Daſs dies mehr Hypothese als
zwingender Beweis ist, betont Herder mit Recht. Aber diese teleo-
logische Rechtfertigung des Übel in der Welt tritt bei Haller und
Shaftesbury mit demselben Anspruch auf wie bei Leibniz und Uz,
und Uz verhüllt auch gar nicht ihren hypothetischen Charakter, indem
er gerade hier die Beschränktheit der menschlichen Einsicht scharf
hervorhebt.

Auf Leibnizens „Theodicee" deutet auch die Vorstellung hin, daſs
der Mensch auf der Stufenleiter der Natur vom Wurme bis zum Engel
auf mittleren Sprossen stehe, eine Idee, die auch von Haller angenommen war und bei Shaftesbury ihr Analogon hatte. Schlieſslich
stammt das Beispiel von Sextus Tarquinius und Lucretia mit seiner
Anwendung aus dem von Leibniz verwendeten Gespräch des Laurentius
Valla, aus dem es entweder direkt oder durch Uzens Vermittlung auch
in Schillers „Theosophie des Julius" überging.

Bei diesen Ableitungen aus Leibnizens „Theodicee" haben sich
mehrfach auch Berührungen mit Haller ergeben; die auffälligste lieg
bei der von Herder bekämpften Vorstellung einer „Wahl" bei der
Weltschöpfung vor. Uzens Verse:
„Die Risse liegen aufgeschlagen,
Die, als die Gottheit schuf, vor ihrem Auge lagen:
Das Reich des Möglichen steigt aus gewohnter Nacht" —
entsprechen deutlich dem „Ursprung des Übels" V. 128 f:
„Verschiedner Welten Riſs war vor Gott ausgebreitet,
Und alle Möglichkeit war ihm zur Wahl bereitet."
Aber aus dieser einen Parallele kann man doch nicht, wie Adolt
Frey will*), den Schluſs ableiten, „daſs der Theodicee Hallers Ge-
dicht über den Ursprung des Übels mindestens ebenso sehr als Vor-
bild vorgelegen hat wie Leibnizens berühmtes Werk", zumal Haller
hier selbst von Leibniz abhängig ist. Ausschlaggebend für eine solche
Annahme kann nur eine Prüfung des Gehaltes beider Gedichte sein,

---

*) In seinem „Albrecht v. Haller", Leipzig 1879.

bei der sich allerdings ein gemeinsames Abweichen von Leibniz ergiebt, das aber Frey nicht bemerkt. Die Verse, in denen Uz das Schicksal einer Fliege ebenso vorherbestimmt sein läfst wie das Geschick grofser Staaten, stimmen ganz zu Leibnizens Lehre von der prästabilierten Harmonie; hier scheint die Teleologie in Determinismus überzugehen. Wie Uz jedoch in der Schlufswendung die Stellung des einzelnen Menschen zu charakterisieren hat, nimmt er mit allem Nachdruck ganz im Anschlufs an Haller die Freiheit des menschlichen Willens an. Haller sagt:

„Die Welt mit ihren Mängeln
Ist besser als ein Reich von willenlosen Engeln."

Schwungvoller, pathetischer ruft Uz aus:

„Soll Welten alles Böse fehlen?
So mufste nie den Staub der Gottheit Hauch beseelen;
Denn alles Böse quillt blos aus des Menschen Brust:
So mufs der Mensch nicht sein: welch gröfserer Verlust!
Die ganze Schöpfung würde trauern,
Die Tugend fliehn und ihren Freund bedauern . . .

Es rauschen laute Spötterreyen
Um mein verachtend Ohr: viel stolze Kluge schreyen
Dem armen Sterblichen des Willens Freyheit ab.
Die Sklaven! welche das, was weise Güte gab,
Der Menschen Vorrecht, nicht erkennen,
Und gleich dem Vieh sich dessen unwerth nennen!"

Leibniz hatte in seiner „Theodicee" in konsequenterer Durchführung der prästabilierten Harmonie die Annahme der menschlichen Willensfreiheit als „une grande absurdité" bezeichnet[*]). Dafs die Zeitgenossen über den Determinismus dieser Lehre gar nicht zweifelhaft waren, beweist eine Stelle aus des Buddeus „Bedenken über die Wolffianische Philosophie" schlagend, die Kawerau[**]) anführt, und die sich gerade gegen diese von Wolff aus Leibniz herübergenommenen Sätze wendet: „Alles Böse leite Wolff aus Gott selbst her — also im direkten Gegensatz zu den oben zitierten Versen von Uz —, da Gott die Welt, in der das Böse ist, notwendig als die beste habe erwählen müssen. Indem er behaupte, dafs ein Recht der Natur

---

[*]) II, § 364.
[**]) a. a. O. S. 161 f.

sein könne, auch wenn man glaube, dafs kein Gott sei, hebe er alle
göttlichen Gesetze auf und werfe damit zugleich alle Moralität und
die Grundsätze der Religion über den Haufen. Durch seine Lehre
von der prästabilierten Harmonie nehme er dem Menschen schlechter-
dings alle Freiheit, womit er den Grund aller eigenen Verschuldung,
folglich auch aller Strafe und Belohnung umstofse." Auffallend ist,
dafs Uz trotz dieses grofsen Unterschiedes, den er sogar in scharf
polemischer Weise betont, dennoch Leibniz als seinen Führer nennt.
Dafs er sich aber in diesem einen Punkte konsequent an Haller und
Shaftesbury anschlofs, ist unzweifelhaft, da er ihn breit ausführt: un-
frei wird der Mensch nur, wenn er seine Leidenschaften verzärtelt;
dazu pafst vollkommen Hallers Satz, dafs „der schwache Geist" „der
Neigungen Verwaltung" verliere. Und ebenso ist bei Shaftesbury,
Haller und Uz die ethische Aufgabe des Menschen in gleicher Weise
aufgefafst: er soll die Herrschaft über seine Affekte bewahren und
sich durch Tugend einer anderen, höheren Daseinsweise würdig machen,
zu der wir von Gott bestimmt sind.

Wenn in Uzens Gedicht die Beweisführung nicht in jedem Punkte
zwingend ist, wenn bisweilen eine pathetische Behauptung an Stelle
des philosophischen Beweises steht, so kommt ihm hier die Lessingsche
Verteidigung Popes zu gute: der Dichter hat nicht die Aufgabe, ein
philosophisches System zu entwickeln, sondern seine Weltanschauung
darzulegen, wie sie sein Gemüt bewegt. Ebenso schief aber wie
Cholevius, der die „Theodicee" ein „logisches Schlufsgebäude" nennt*),
urteilt Adolf Frey: „Was bei Haller in streng logischem Gewande
erscheint, ist hier in die Form eines religiösen Dithyrambus gegossen
— der Poesie sicherlich zum Vorteil, wenn auch derart matte Stellen
zum Vorschein kommen, wie sie der Philosoph nicht aufweist". Denn
Uz trägt philosophische Ideen vor und enthält sich trotz seiner frommen
Gesinnung aller theologischen Beweise. Haller, der solche ebenfalls
nicht verwendet und in seinen früheren Gedichten sogar Angriffe
gegen die kirchliche Gläubigkeit gerichtet hatte, entschuldigte sich
deswegen in den Einleitungsworten seiner letzten Ausgabe lebhaft;
Uz, dessen Gesinnung wie die Hallers mit dem höheren Alter allmählich immer religiöser wurde, hat deshalb doch keinen Vers seiner
früheren philosophischen Gedichte geändert oder bereut. Aber er
setzte, der philosophischen „Theodicee" entsprechend, eine Hymne

---

*) a. a. O. I, 499.

„Gott, der Weltschöpfer" an den Schluſs seiner dritten Gedichtaus-
gabe (1768), die dasselbe Thema in religiöser Begeisterung behandelt.
In seiner „Theodicee" jedoch denkt er philosophisch klar und ist durch
den Schwung und das Feuer seiner Ausführung weitaus der erste
unter den Gedankendichtern seiner Zeit.

Das Lieblingsthema der didaktischen Poesie der Zeit war das
Problem der Theodicee, besonders seitdem Wolff den philosophischen
Apparat dazu bequem zurecht gelegt hatte, woneben Leibnizens
Grundbuch natürlich auch stets wieder benützt wurde. In die Poesie
dringen Teile dieses Problems schon energisch bei Brockes ein; seine
ganze „Naturpoesie ist ein gereimter physico-theologischer Beweis"[*]).
Hier ist nicht blos angenommen, daſs bei allen Einrichtungen und
Ereignissen der Welt gute Absichten zu Grunde liegen, wie es ja der
Hauptsatz aller Theodiceen ist, sondern der Versuch gemacht, im
einzelnen diese guten, stets auf den Menschen bezogenen Endzwecke
aufzudecken, selbst bei den schädlichsten und gefährlichsten Tieren.
Indem er dabei aber an den theologisch-dogmatischen Beweisen sich
scheu vorbei schleicht und in der Natur „die allererste, herrlichste
und sicherste" Offenbarung erblickt, nähert er sich trotz der
erbaulichen Grundstimmung seines ganzen „Irdischen Vergnügens in
Gott" (1721—48) doch etwas der rationalistischen Strömung, die allmählich immer mächtiger zur Geltung kam. Bemerkenswert ist, daſs
in seiner Betrachtung über den Affen die Leibnizische Vorstellung
von der „Geisterleiter", die dann stets wiederkehrt, in demütiger
Gesinnung vorgetragen ist.

Weit tieferen Einfluſs gewann Hallers Gedicht „Über den Ursprung
des Übels" (1733/34), das vornehmlich unter der Einwirkung Shaftes-
burys steht, daneben aber auch Züge von Leibniz aufweist[**]). Es
wurde, wie die anderen Gedichte Hallers auch, von allen philosophischen Dichtern der Zeit von Kleist, Wieland und Uz bis zu
Gottsched und Dusch herab immer wieder ausgebeutet, weit mehr
als irgend ein anderes neben ihm. Gleichzeitig war in England ein
didaktisches Gedicht entstanden, das ebenfalls Berührungspunkte mit
den deutschen Theodiceen besitzt, Popes „Essay on man" (1733).
Auch hier ist ja die Tendenz des Ganzen, zu erweisen, daſs die Welt,
so wie sie ist, die beste sein muſs und alles, was ist, recht ist. Wie

---

[*]) David Friedr. Strauſs, Schriften II, S. 4; „B. H. Brockes u. H. S. Reimarus".
[**]) S. Bondi a. a. O. S. 30 ff.

bedeutend dies Lehrgedicht in Deutschland wirkte, geht am klarsten aus dem bekannten Preisausschreiben der Berliner Akademie über das Popesche „System" hervor, das die scharfsinnige Abhandlung „Pope ein Metaphysiker" von Lessing und Mendelssohn (1755) veranlafste. Für Uz war es vor allem bei seinem „Versuch über die Kunst stets fröhlich zu seyn" wichtig, ebenso wie die übrigen philosophischen Gedichte Popes, z. B. sein „allgemeines Gebet", das Hagedorn frei übersetzte.

Von den mafsgebenden Philosophen und Dichtern eingeführt, drang das Problem immer weiter in die Poesie der Zeit ein. Die Alexandrinerfragmente aus Lessings Jugend zeigen, dafs auch er von der alle Gemüter bewegenden Frage nicht unberührt blieb; Kleist läfst seinen „Frühling" mit Gedanken ausklingen, die ganz dieser Bewegung entstammen; Uzens Freund Cronegk versucht in einem Lustspielfragment „Die Klagen", das grofse Rätsel in mythologisch-dramatischer Einkleidung zu lösen. Der Freiherr Joh. Casimir v. Creuz, der freilich in der Einleitung zu seinem „Versuch über die Seele" erklärte, ihm gebe bei allen Betrachtungen die christliche Offenbarung den Ausschlag, und so begreiflicherweise zu einem religiös-hymnenartigen Charakter bei vielen seiner ernsten Gedichte kam, fafst in einer Strophe seiner Ode „Der Tod" (1752) zwei Hauptpunkte der Uzischen Theodicee — das vollendetere Dasein nach dem Tode und den dann dem Menschen gewährten Einblick in den inneren Zusammenhang des im Diesseits willkürlich scheinenden — folgendermafsen zusammen:

> „Es sey! Es ist und bleibt dein Schlufs:
> Ich sterbe, glücklicher zu werden,
> Weil unvollendet auf dieser Erden
> Ich dort vollendet werden mufs.
> Dort wird mein Wohl unendlich grünen;
> Dort seh ich alles klärer ein:
> Was mir ein Zufall hier geschienen,
> Wird dort mir lauter Weisheit seyn".

Und in seinen, nach französischer Vorlage verfafsten, „philosophischen Betrachtungen" sagt er:

> „Ein Strahl von Deinem Lichte (Gottheit)
> Erleuchtet meinen Geist, die Wahrheit einzusehn" —

eine Stelle, die vielleicht Uz im Sinne lag, als er seinen pathetischen Eingang schrieb:

„Mit sonnenrothem Angesichte
Flieg ich zur Gottheit auf! Ein Strahl von ihrem Lichte
Glänzt auf mein Saitenspiel, das nie erhabner klang".

Withof, der in sehr hohem Grade von Haller abhängig ist, berührt die Gedanken der Theodicee in zwei Lehrgedichten. „Die Eitelkeit der Bestrebungen nach zeitlicher Glückseligkeit" (1751) ist ihm ein Beweis, dafs wir zu einer höheren Seligkeit jenseits des Irdischen berufen sind, zur „Gottseligkeit". Die Übel und Leiden in der Welt zeugen nicht gegen die Güte Gottes; denn

„Das Übel zeigt ihn selbst in den verblichnen Farben,
Man kennt den weisen Arzt auch aus den tiefsten Narben".

So hatte auch Hagedorn, sogar noch positiver, die Leiden der Menschen zu rechtfertigen gesucht, indem er sie als eine Steigerung der folgenden Freuden hinstellte:

„Wer nicht vorher den Wehrmut schon geschmeckt,
Weifs kaum, wie süfs der Zucker thut*)".

Das Böse ist nach Withof nur zugelassen, damit wir aus freier Wahl Tugend üben nnd so uns des „höhern Ordens" würdig machen, ganz wie bei Uz:

„Nein, Freund, wir werden hier den Engeln nimmer gleich,
Die Erd' ist unser Haus und nicht ein Himmelreich:
Wir sind, das Herze sagts, zu einem höhern Orden,
Zu einer bessern Welt aus Gott geatmet worden,
Er wiegt den Menschen hier nach seiner Tugend ab".

Und bei seinen Auseinandersetzungen über „das Wesentliche in der Redlichkeit" preist er auch die zweckmäfsige Ordnung der Welt und stellt schliefslich das Haller-Shaftesburysche ethische Ideal mit etwas Popescher Färbung auf:

„Wer in der Tugend selbst den Lohn der Tugend findt,
Im allgemeinen Wohl den gröfsten Schatz gewinnt,
Und dorten im Verlust ein Königreich verlieret:
Der ist der grofse Mann, den Gottes Bildnis zieret".

Die Probleme Withofs sind mehr ethischer als metaphysischer Natur und kommen daher mehr bei Uzens didaktischem „Versuch über die Kunst, stets fröhlich zu seyn" in Betracht. Direkten Zusammenhang mit der „Theodicee" hat dagegen Joh. Josias Sucros

---

*) „Die Gröfse eines weislich zufriedenen Gemütes" in dem „Versuch einiger Gedichte" 1729.

Lehrgedicht „Die beste Welt" (1746). Einerseits ist er entschieden rationalistischer als Uz, andererseits aber zieht er Bibelstellen zum Belege heran und verweist in den Anmerkungen darauf. Die Übel sind auch bei Sucro deshalb da, weil sie den Zwecken des Ganzen dienen; er vertröstet auf eine andere Welt, wo Sünder wie Julian verdammt sind, Gerechte aber den Lohn und Ausgleich für ihre Leiden und Taten erhalten. Dies ist aber nur möglich, wenn der Mensch sittliche Freiheit hat, und darin liegt auch die Rechtfertigung des Bösen in der Welt. Die Begründung ist im übrigen sehr schwach; sie beruht im wesentlichen in dem Schlusse: Gott ist allmächtig, allweise, allgütig — also muſs alles Geschaffene diesen Eigenschaften Gottes entsprechen, und wo wir das nicht erkennen, ist eben unsere eigene Blindheit daran schuld. Wenn Uz an einer Stelle diesen Gedanken vorträgt (V. 37—42): Gott, der weiseste, hat diese Welt erwählt, wie können wir in unserer Blindheit sie verbessern wollen? — so geschieht es nur in der Meinung, den — subjektiven — unbedingt gläubigen Standpunkt des Dichters zu charakterisieren, nicht, als ob diese Idee objektiv irgendwie zwingende Beweiskraft besäſse. Er denkt hier ruhiger philosophisch als der trockene Sucro. Und ebenso bleibt er konsequenter bei der einmal angenommenen Wahl bei der Weltschöpfung, während Sucro zwar von einer Wahl unter „viel hundert Welten" spricht, aber dabei doch wieder im Sinne Herders sagt: Gott konnte keine andere Welt schaffen als die unsrige; der Widerspruch zwischen beiden Anschauungen bleibt ihm verborgen.

Zernitz führt die Schöpfung der Welt auf die Liebe zurück, wie ja auch Leibniz lehrt. Seine „Gedanken von den Endzwecken der Welt" suchen in allen Erscheinungen der Welt die Güte und Weisheit des Schöpfers zu erweisen. Die liebevolle Güte Gottes erstreckt sich aber nicht blofs auf den Menschen; denn dieser ist ja nur „ein kleiner Theil vom Ganzen". Gott aber

„ist nicht nur ein Gott der Menschen, selbst der Mücke
Bestimmet seine Huld ein irdisch weises Glücke".

So ist denn bei den Einrichtungen der Tierwelt nicht das Behagen des Menschen, sondern das eigene Wohlgefühl der Tiere die Absicht des Schöpfers; dies wird im Gegensatz zu der blofs auf den Menschen bezogenen Teleologie eines Brockes stark hervorgehoben:

„Der Endzweck aller bleibt Glückseligkeit und Lust,
Das reicht von Milben an bis zu der Menschen Brust".

Der Mensch darf sich also nicht mit Selbstüberhebung als den einzigen Zweck der Schöpfung betrachten; aber er hat doch genug Anlaß zum Dank gegen den Schöpfer, indem er den großen Vorzug vor dem Tiere hat, durch Anwendung der ihm einzig verliehenen Vernunft Gutes zu thun und Böses zu meiden, also der Tugend zu leben. Darauf baut sich auch unsere Hoffnung, nach dem Tode in einer anderen Daseinsweise weiter zu existieren. Diese Ideen führt Zernitz auch in seinen lehrhaften Alexandrinergedichten „Der Mensch, in Absicht auf die Selbsterkenntnis" und „Betrachtungen über die göttliche Weisheit beim Sterben der Menschen" aus, ohne wesentlich neue Gesichtspunkte beizubringen.

Neues weiß auch Wieland nicht viel vorzutragen, der in seiner frommen Periode sich eingehend mit dem Problem der Theodicee befaßte; wenn er auch bei dem großen Umfange seines Lehrgedichtes „Die Natur der Dinge oder die vollkommenste Welt"*) im einzelnen vieles berührte, was die kürzeren Theodiceen übergangen hatten, so war der Dichter damals doch noch zu jung, um selbständig neue philosophische Ideen einzuführen. Der Kern ist ganz der gleiche geblieben, auch noch in den prosaischen „Platonischen Betrachtungen über den Menschen" (1755), in denen „die ewigen Gesetze der Ordnung und Vollkommenheit" in der Welt beleuchtet, „die ganze Vollkommenheit des Menschen" in Fähigkeiten gesucht wird, die der Mensch entwickeln soll, und die Bestimmung des Menschen für die Ewigkeit als sichere Tatsache behauptet wird. So ergeben sich bei Wieland und Uz in der Zeit ihrer erbitterten Fehde in ihrer philosophischen Dichtung Berührungspunkte, die den stürmischen Angreifer hätten belehren können, wie ungerecht seine einseitige Polemik war. Aber auch bei Wieland erschien in lehrhaftem Gewande, was Uz mit lyrischem Schwung vortrug.

V.

Uz ist der einzige unter allen den zahlreichen Theodiceendichtern seiner Zeit, der es wirklich verstand, in lyrischem Schwung das philosophische Thema zu behandeln**). An didaktischen Dichtern war

---

*) 1751, in 6 Büchern.
**) Nebenbei spielten auch andere Lyriker auf das Thema der Theodicee an. — J. A. Cramers Verse in dem geistlichen Liede „Bremer Beiträger" II, 79 (Kürschners Dtsch. Nat.-Litt.) sind wohl auf das Vorbild Uzens zurückzuführen.

ja kein Mangel; aber der einzige Haller gab in seinen philosophischen
Gedichten auch seine ernste, markige Persönlichkeit, mit der Be-
lehrung auch ein Stück seines Empfindungslebens. Aber wie schwer
ist bei ihm der Ausdruck der schweren Ideen! In einer Sprache, der
dialektische Elemente noch mannigfach anhängen, und die nicht nur
Eleganz, sondern auch jede Geschmeidigkeit vermissen läfst, in einer
bisweilen etwas pedantischen, gelegentlich aber auch Lohensteinisch
angehauchten Behandlung des bildlichen Schmuckes, spröde und hart,
wenn auch wuchtig und machtvoll kommen die ernst und tief durch-
dachten Ideen in logischer Anordnung zum Vortrage. Diesem
Charakter ist der Alexandriner mehr angemessen als irgend ein be-
weglicheres Versmafs, und so kann man sich seine grofsen philosophischen Gedichte kaum in einem anderen Metrum denken, trotz
der vereinzelten Versuche philosophischer Betrachtung im Tone der
Ode wie die „Ehre". In der Wahl des Versmafses und in der
Grundstimmung ihrer Gedichte sind nun aber die Withof, Lessing,
Zernitz, Sucro u. s. f. von Haller ebenso abhängig wie im Gedankengehalt, freilich ohne die originelle Kraft der Sprache ihres Vorbildes;
und wenn ein Withof sogar die Freiheit dialektischer Formen auch
nachahmt, wie er z. B. „er jägt" und ähnliche niederdeutsche Formen
schreibt, so ist nur der Eindruck recht deutlich, wie hier eigentlich
unerlaubt steht, was der grofsen Persönlichkeit erlaubt ist. Bedeutende Geltung erlangt auch ein technisches Mittel, das man aus
Horazens Episteln und Satiren lernte: die Exemplificierung auf einzelne Personen oder Vorgänge, die auch in den „moralischen" Gedichten eines Gellert, Dusch u. s. w. allgemein üblich war. Dadurch
nähern sich aber die philosophischen Gedichte immer mehr den
moralischen Episteln, die ohne jede wirkliche Verinnerlichung mehr
oder minder seichte Weisheitslehren in mehr moralischer als poetischer
Weise vortrugen. Diese Lehrgedichte waren kein Gewinn für die
Poesie, und die Versuche des Freiherrn v. Creuz, den wertvollen
Ideenschatz in Oden für die Lyrik fruchtbar zu machen, scheiterten
an dem geringen Talente des Dichters und seiner stets betonten
Frömmigkeit, die sofort philosophische in religiöse Betrachtung über-
gehen liefs. Uzens Verdienst ist es, Philosophie in die Lyrik eingeführt, die Gedankenlyrik im vorigen Jahrhundert begründet zu
haben. Freilich war er nicht der erste und noch weniger der einzige,
der die ernste Lyrik einer gröfseren Beweglichkeit einerseits und
gröfseren Verinnerlichung andererseits zuzuführen sich bestrebte; in

Liedern der Freundschaft und der Liebe, des Patriotismus und der
Religion zeigt sich machtvoll diese Strömung von Pyra und Lange
ab, bei Kleist, Ramler u. s. f., namentlich aber bei Klopstock und
den Seinen; für die Philosophie aber steht Uz voran.

Auch hier kam ihm seine Schulung an den Liedern Hagedorns
zu Statten. Hier hatte er Beweglichkeit der Sprache und Leichtigkeit
des Versbaues gelernt. Zwar hat er sich nirgends — aufser an ein
paar Briefstellen — der vers irreguliers bedient, die Hagedorn zuerst
in seiner Übersetzung der Horazischen Ode (III, 19) Quantum distet
ab Inacho den Franzosen und Engländern nachgebildet hatte; aber
die Tendenz zu kürzeren, leichteren Versen als dem Alexandriner lag
in ihm. Hatte er sich im sangbaren Lied tändelnd in mancherlei
Formen bewährt, so suchte er auch für seine philosophischen Ideen
sich von der bisherigen steifen Schablone frei zu machen. Er führt
einen wohl abgemessenen Strophenbau ein, der der Monotonie der
blofsen Alexandriner wohltätig gegenüber tritt. Innerhalb der Strophen
nun kommt der Alexandriner bisweilen voll zu seinem Recht und
wird oft prächtig seinem antithetischen Charakter gemäfs behandelt;
ein Beispiel aus der „Theodicee“ mag das belegen:

„Er (Gott) sieht mit heiligem Vergnügen
Auf unsrer Erde selbst sich alle Theile fügen,
Und Ordnung überall, auch wo die Tugend weint:
Und findet wann sein Blick, was bös’ und finster scheint
Im Schimmer seiner Folgen siehet,
Dafs, was geschieht, aufs beste stets geschiehet.“

Nicht immer ist die Verbindung des Alexandriners mit anderen
Versarten glücklich; rühmlich aber ist der Bruch mit der Alleinherr-
schaft des Alexandriners jedenfalls, besonders da Uz gelegentlich*)
sogar zur Bildung von Trimetern gelangt. Dactylische oder ana-
pästische Metren zu wagen, hatte Uz trotz Hagedorns glücklicher Versuche nicht den Mut, nachdem er die Schwierigkeit derselben — bei
antik reinem Bau, wie er ihn forderte — in seiner Frühlingsode
kennen gelernt hatte. Durch den meist sehr feinsinnig und geschmackvoll gewählten Wechsel seiner jambischen und trochäischen Verse
jedoch erreichte er einen hohen Grad von Leichtigkeit und Beweglichkeit. Und auch den Reim handhabe er, wenn auch nicht sehr rein
— hierin machte er sich der gleichen Nachlässigkeit schuldig wie alle

---

*) In „An die Musen“ No. 51.

seine Zeitgenossen — so doch geschickt in der Verschlingung des männlichen und weiblichen Versausgangs. Besonders lehrreich nach dieser Richtung ist seine Ode „An die Freiheit" (No. 69), deren Strophenschluſs zuerst weiblich war; auf Gleims Rat wurde sie dann umgearbeitet und mit doppeltem männlichen Versausgang am Ende der Strophen versehen, entsprechend dem energischen, männlichen Gehalt, der eine solche Anähnlichung an Gleims Grenadierlieder wohl rechtfertigt. Uz erscheint im Versbau noch oft als suchender, der die verschiedensten Zusammensetzungen probiert und daher auch manchmal fehl greift. Oft ist der Strophenbau durch die Verschiedenheit der einzelnen Verse — es stehen manchmal Alexandriner neben vier- oder gar dreifüſsigen Zeilen — zu unruhig und läſst allzu sehr jede Gleich-mäſsigkeit vermissen*). Als Experiment müssen auch 7 zeilige Strophen**) erscheinen, deren Reimstellung ababcbc entschieden noch eine achte Zeile erfordert. Einen Fortschritt bedeutet da schon eine Reimstellung aabcbc***), wie wohl das Reimpaar aa besser zum Ab-schluſs als zur Eröffnung der Strophe stehen würde. So ergibt sich bei Uz eine groſse Mannigfaltigkeit von Strophenbildungen, die in ein-zelnen Fällen nicht ganz glücklich sind; manchmal aber hat er gerade nach dieser Seite schöne Treffer gemacht, z. B. bei der Ode an „die Freude" (No. 79), bei der „Theodicee" (No. 63), „Laura" (No. 77), der „Wollust" (No. 31) u. a. m. Doch auch in den komplizierteren Versmaſsen bewegt er sich meist ohne Schwerfälligkeit. Denn er besitzt ein sehr feines Gefühl für Rhythmus und eine groſse Leichtig-keit der Sprache. Sein Satzbau ist stets einfach und klar; die Aus-drücke vermeiden meist glücklich den Schwulst wie die nackte Prosa und sind würdig und angemessen. So hat Uz einen bedeutenden Schritt gethan, die poetische Sprache auch beim Ausdruck philo-sophischer Gedanken gegenüber einem Haller, Pyra, Lange, Zernitz u. s. f. freier, leichter, natürlicher, deutscher zu machen; fast stets bewährt er guten Geschmack und sicheren Takt. Herder urteilt vollkommen richtig, indem er Uz als den einzigen seiner Zeitgenossen bezeichnet, „der so viel Weisheit mit so viel Schwung sagen kann"†).

---

*) z. B. in No. 11, 17, 75, 76 u. a.

**) In dem „Weisen auf dem Lande" No. 18.

***) In „An die Scherze" No. 61.

†) Fragmente, III. Sammlung, III, 1 „von der Horazischen Ode", wobei Lange freilich ungebührlich überschätzt wird, indem er mit Klopstock, Ramler und Uz zusammen-gestellt wird.

Hat nun Uz sicherlich einen guten Teil seiner Vorzüge wie seiner Schwächen in den ernsten Oden Horaz zu verdanken, so hat er auch von seiner Vertrautheit mit seinem römischen Vorbild denselben äusseren Beweis gegeben wie Anakreon gegenüber, durch die Beteiligung an einer Übersetzung. War die Anakreonübersetzung ein Werk freudiger Jugend, so trägt der deutsche Prosahoraz von 1773 deutlich die Spuren bedächtigen Alters. Uz hatte seit seinen Hallischen Universitätsjahren wiederholt die Übertragung einzelner Gedichte von Horaz versucht, ohne dabei zu einiger Befriedigung gelangen zu können. Im Bewufstsein der Unzulänglichkeit seiner Kräfte einer solchen Aufgabe gegenüber und unter dem Eindruck von Lessings Kritik über S. G. Langes Horaz schrieb er am 21. März 1754 an seinen Freund Grötzner: „Wenn Sie den Horatium nicht eher deutsch zu lesen bekommen, bis ich denselben übersetze, so werden Sie ihn niemals deutsch lesen! Vestigia me terrent. Wer weifs, wo ein Lessing für mich jung geworden. Ich schicke mich überhaupt schlecht zu einem Übersetzer und bin niemals im Stande gewesen, nur eine einzige Ode des Horatii in solche Verse zu bringen, als ich wünschte, so oft ich auch angesetzt habe." Je öfter er Versuche zu einer Übersetzung machte, um so mehr befestigte sich seine Überzeugung, dafs Horaz niemals in deutschen Versen so wiedergegeben werden könne, dafs dieses Dichters eigentümlicher Charakter, seine Präzision und Kürze nur einigermassen zum Ausdruck komme, wie er auch Klotz gegenüber aussprach*). Und die Übersetzungen, die ihm vorlagen von Bucholtz (1639) und Weidner (1690) bis zu Triller (1739), Lange (1752), dem Grafen Solms (1756—60) u. Chr. F. Weifse (1763), ja selbst Ramlers Proben aus Horaz (1769)**) konnten ihn nicht gerade ermutigen. So ist denn auch die später entstandene Übersetzung keine poetische Reproduktion, sondern ziemlich nüchtern gehalten. Der alternde Uz, der eigener dichterischer Thätigkeit ganz entsagt hatte, pflegte eifrig seine alten Lieblinge wieder und wieder zu lesen, zumal ihm die neue Richtung der deutschen Litteratur im Sturm und Drang gar nicht zusagte. So vereinigte er sich längere Zeit hindurch mit zwei Freunden, dem Generalsuperintendenten Junckheim und dem Hofkammerrat Hirsch, zu gemeinsamer Lektüre des Horaz in der Weise, dafs jeder der Teilnehmer zu den

---

*) Am 6. Febr. 1767, Briefe deutscher Gelehrten S. 186f.
**) S. Cholevius a. a. O. I, 472; 489f.; 496f.

Sitzungen eine Übertragung der fälligen Gedichte mitbrachte, und
dafs nun aus jeder dieser drei Fassungen das beste herausgenommen
und so eine möglichst getreue und gute Übersetzung kompiliert wurde,
die aber auf eine poetische Form ganz verzichtete. Alle Aufmerksam-
keiten wurde mit grofser Gewissenhaftigkeit auf möglichst genaue
Wiedergabe des Wortsinns gerichtet; die poetische Schönheit Horazens
wirklich wiedergeben zu können, glaubten die Ansbacher Freunde
von vornherein nicht; aber bei aller Einfachheit ist doch ein Streben
nach rhythmischem Wohllaut nicht zu verkennen, und der Ausdruck
ist meist minder prosaisch, als in den meisten poetischen Übertragun-
gen, wenn natürlich auch eine gewisse ängstliche Abhängigkeit vom
Wortlaut des Originals sich bisweilen recht störend geltend macht.
Als Probe aus dieser Übersetzung, die übrigens keine günstige Auf-
nahme fand und von Herder *) unter den anderen Horazübersetzungen
gar nicht genannt wird, diene der Anfang der IX. Ode des I. Buches:
„Siehst Du, wie der Soracte da steht, glänzend von tiefem Schnee;
wie die gebeugten Wälder die Last kaum mehr ertragen, und, vom
scharfen Froste gebunden die Flüsse stehen? Vertreibe die Kälte
durch wohlunterhaltenes Feuer, und nimm reichlicher, o Thaliarch,
vierjährigen Wein aus Sabinischem Gefäfse. Überlafs alles andere
den Göttern! Sobald diese den auf der kochenden See tobenden
Winden Ruhe gebieten, regt sich keine Cypresse, keine bejahrte Buche
mehr" u. s. w.

Es ist begreiflich, dafs diese Übertragung keinen tiefen Eindruck
zu machen, keine irgend bedeutenden Einflüsse auszuüben im Stande
war. Aber sie ist charakteristisch für den alternden Uz, der in den
alten Lieblingen seiner Jugend bis ans Ende seine treuesten Freunde,
seine höchsten Muster erblickte, selbst als er schon in einzelnen Gedichten über sie hinausschreitend der deutschen Lyrik neue Bahnen
andeutend betreten hatte. Denn dafs ihm dies in seiner philosophischen
Lyrik gelungen ist, bildet neben der feinsinnigen und taktvollen Ausbildung formaler Sauberkeit und Eleganz sein Hauptverdienst. Er hat
einerseits nach besten Kräften die seichte anakreontische Zeitströmung
gemäfsigt und vertieft, andererseits die Trockenheit didaktischer Betrachtung allmählich einer Auflösung in die Sprache des Gefühls, in
den Flufs echter Lyrik entgegengeführt. Dadurch erhält er für
Schillers Gedankenlyrik eine besondere Bedeutung.

---

*) Adrastea V, 9 „Briefe über Horaz".

VI.

Dafs Uz zu Schillers Lieblingsdichtern schon auf der Karlsschule gehörte — neben Klopstock, Haller, Lessing, Goethe und Gerstenberg —, bezeugt Karoline von Wolzogen*). Und eine Bestätigung findet diese Angabe in einer Stelle in Schillers Selbstanzeige seiner „Anthologie auf das Jahr 1782"**), wo er selbst die Zügellosigkeit dieser Jugendpoesien rügt: „Möchten sich doch unsere jungen Dichter überzeugen, dafs Überspannung nicht Stärke, dafs Verletzung der Regeln des Geschmackes und des Wohlstands nicht Kühnheit und Originalität, dafs Phantasie nicht Empfindung, und eine hochtrabende Ruhmredigkeit der Talisman nicht sey, von welchem die Pfeile der Kritik splitternd zurückprallen; möchten sie zu den alten Griechen und Römern wieder in die Schule gehen, und ihren bescheidenen Kleist, Uz und Gellert wieder zur Hand nehmen!" u. s. w. Wie sehr Schiller auch später noch Uzens Verdienste zu würdigen wufste, haben wir schon S. 37 zu berühren Gelegenheit gehabt. Und auch kleine Ähnlichkeiten, die einzeln nichts beweisen, in ihrer Gesamtheit aber ein Nachklingen Uzischer Anakreontik, Philosophie und Ausdrucksweise darthun, finden sich besonders in den frühen Gedichten Schillers öfters. Zwei etwas stärker hervortretende Beispiele mögen das belegen. Uz hatte das alte schon von Triller und später von Lessing***) verwendete anakreontische Thema des „Tabacksrauchers" (No. 50) ins Ernste gewendet und den Grundgedanken seines Gedichtes, das so seinen Ursprung aus der Anakreontik ganz verleugnet, in den Worten zusammengefafst:

> „Rauch ist alles, was wir schätzen:
> Unser theuerstes Ergetzen,
> Unser Leben selbst ist Rauch.
> Weht nicht über frische Leichen
> Jedes Morgens kühler Hauch?
> Viele werden heut erbleichen
> Und vielleicht ich selber auch."

Im Gedankengehalt wie im Metrum erinnern daran Schillers Zeilen im „Siegesfest":

---

*) „Schillers Leben". Stuttgart, Cotta & Kröner, S. 18.
**) Goedekes krit.-hist. Ausg. II, 384 ff.
***) Lachmann-Muncker I, 119.

> „Rauch ist alles irdsche Wesen;
> Wie des Dampfes Säule weht,
> Schwinden alle Erdengröfsen,
> Nur die Götter bleiben stät."

Und wenn diese Strophe schliefst:

> Um das Rofs des Reiters schweben,
> Um das Schiff die Sorgen her;
> Morgen können wirs nicht mehr,
> Darum lafst uns heute leben!"*) —

so ist das zugleich ein Beispiel, wie Schiller die überlieferten Metren freier und seinen Zwecken angemessen ausführt, was er z. B. auch in dem Gedicht „An einen Moralisten" in der freien Mischung von Alexandrinern mit 4- oder 5-füfsigen Jamben, vor allem deutlich aber in seinem Lied „An die Freude" tut. Hagedorn hatte zuerst einen Hymnus „An die Freude" gedichtet, in dem er die Anrede an dies „Himmelskind" durchführte:

> „Freude, Göttin edler Herzen!
>   Höre mich.
> Lafs die Lieder, die hier schallen,
> Dich vergröfsern, dir gefallen:
> Was hier tönet, tönt durch dich."

Uz nahm sowohl die Anrede, den Ton des begeisterten Hymnus, wie das energische trochäische Versmafs auf und bildete beides pathetischer weiter aus:

> „Freude, Königinn der Weisen,·
> Die, mit Bluhmen um ihr Haupt,
> Dich auf güld'ner Leyer preisen,
> Ruhig, wenn die Thorheit schnaubt:
> Höre mich von Deinem Throne,
> Kind der Weisheit, deren Hand
> Immer selbst in deine Krone
> Ihre schönsten Rosen band!"

Wenn nun Schiller, der beide Vorgänger oder doch wenigstens Uz wohl kannte, sein hohes Lied der Freude ebenfalls mit dem

---

*) Dafs an dieser Stelle vielleicht direkte Anlehnung an Horaz (od. lib. II, 16) anzunehmen sei, macht Cholevius II, 152 wahrscheinlich.

pathetischen Anruf und in demselben packenden Metrum, das er durch
die Anfügung des Chorschlusses zu einem unübertrefflichen Meister-
stück eines Rundgesanges machte, durchführt, so kann man hier wohl
von einer fruchtbaren direkten Anregung durch Uz sprechen ohne
das „Vielleicht", das Minor*) vorsichtig hinzusetzt. Und mit Rücksicht
auf solche Analogien ist es vielleicht nicht zu kühn, auch in der
„Braut von Messina" noch einen Nachklang Uzisch-Kleistscher Ideen
zu finden, wenn es heißt:

> „Wohl dem! Selig muß ich ihn preisen,
> Der in der Stille der ländlichen Flur,
> Fern von des Lebens verworrenen Kreisen,
> Kindlich liegt an der Brust der Natur!" u. s. w.**)

Doch mag man auch hier noch mit Cholevius und Rosenberg***)
direkte Anlehnung an die II. Epode von Horaz annehmen; Schillers
Art der Verwendung von mythologischen Bildern aber ohne weiteres
auf Horaz zurückzuführen, wird kaum möglich sein. Sie sind ganz
selbständig in einem neuen Sinne verwertet, indem sie symbolisch zu
Trägern von philosophischen Ideen werden, wie bei keinem seiner
Vorgänger, außer gelegentlich bei Uz. Am deutlichsten zeigt sich
das in dem Gedicht auf „Die Dichtkunst" (No. 55); der Ideengang
Uzens ist darin folgender: Ich liebe die Muse, denn ich bin zu ihrem
Priester geweiht. Sei mir huldreich, Dichtkunst; Du bist ein Kind
des Bacchus und der Liebe, erzogen von Unschuld und Natur,
unterrichtet von der Weisheit über den Ursprung der Dinge und
über das wahrhaft Große und Gute; dann tratest Du unter die
Menschen und:

> „Sie fühlten ungefühlte Glut,
> Als nun Dein höhers Lied ertönte,
> Das, reizend wann es unterwies,
> Von rauher Wildheit sie entwöhnte,
> Und Menschen werden hieß.

---

*) In seinem „Schiller", II, 420.
**) S. bei Uz z. B. No. 26, 30, 57 u. a. m.
***) Die wenigen direkten Anlehnungen an Horaz sind sorglich zusammengestellt
bei Cholevius a. a. O. II, 152 und Emil Rosenberg, Die Lyrik des Horaz. Gotha 1883.
Seite 26.

Du sangst: es rissen sich bemooste Felsen los
Aus drohender Gebirge Schoos,
Und rollten fort mit eignem Lauf,
Und thürmten sich zu Mauern auf.

Die Tieger unter düstern Sträuchen
Behorchten Dein entzückend Spiel;
Und auch die unbelebten Eichen
Erhielten ein Gefühl."

Du brachtest die Menschen zum Guten; denn während die Weisheit sich nur an den Verstand wendet und darum nur flüchtigen Eindruck macht, öffnest du das Herz der Wahrheit und führst uns so zur Tugend. Du eröffnest auch der Ehre Heiligtum und reizest so zu grofsen Taten und verherrlichst sie dauernder, als es die Muse der Geschichte vermag.

Der gewaltige Fortschritt, den Uz hiermit gegenüber seinen früheren Verherrlichungen der Poesie*) gemacht hat, leuchtet ein. Nicht mehr als Ermunterung zu „weisem", heiterem Lebensgenusse wird hier die Poesie aufgefafst, sie soll als eine bedeutende ethische Macht dargestellt werden, die in der Kulturentwicklung eine bedeutsame Rolle gespielt hat und noch weiter spielt**). Die Darstellung, wie sie die Menschen von der Wildheit zur wahren Menschheit erhebt, kann an die Erziehung der Menschen durch „Die Künstler", noch mehr durch Ceres und die übrigen Götter im „Eleusischen Fest", die Betonung der Wirkung auf das Herz an „Die Macht des Gesanges" erinnern***). Nicht als ob hier bei Schiller im geringsten Entlehnungen vorlägen! Aber die ähnlichen Züge im einzelnen lassen nur um so mehr die Tatsache hervortreten, dafs Uz in der lyrischen Behandlung einer Kulturidee, zu deren Trägern er mythologisch-symbolische Gestalten macht, ein Vorgänger Schillers, ja der erste Pfadfinder zu diesem eigensten Gebiete Schillers war.

Hier deutet Uz also auf die Zukunft vor. Aber auch hier kleben

*) Nr. 17, 33, 51.
**) Hier mag auch auf Wielands „Gratien" hingewiesen sein, die zwar nichts für die Entwicklung der Lyrik bedeuten, aber eine ähnliche Idee in ähnlicher Einkleidung ausführen.
***) Interessant ist, dafs gerade bei der „Macht des Gesanges" Cholevius a. a. O. eine direkte Anlehnung an Horaz (od. lib. IV, 2) nachweist.

ihm Mängel seiner Zeit in hohem Mafse an. Schiller beherrscht in seinen philosophischen Gedichten die antike Mythologie in einer Weise, dafs die griechischen Gestalten lebendig geschaut vor uns stehen, die natürliche Verkörperung von Ideen. Uz hat nicht diese Kongruenz von Gehalt und Form erreicht; ihm sind trotz oder vielleicht gerade wegen seiner ständigen Beschäftigung mit Horaz, der ja auch Personifikationen und Allegorien liebt, die antiken Götter nicht so lebensvoll vor die Seele getreten, und so läfst er die „Dichtkunst" eine Tochter des Bacchus und der „Liebe" sein, von der „Unschuld" und „Natur" erziehen, von der „Weisheit" unterrichten, kurz, er setzt hier fast durchweg — der vereinsamte Bacchus macht das doppelt empfindlich — vage personifizierte Begriffe an Stelle von göttlichen oder heroischen Gestalten, wie Schiller tut. Diese Mischung mythologischer und allegorischer Figuren findet sich oft in seinen Oden, während Schiller von seiner „Anthologie auf das Jahr 1782" an sich von diesem Fehler der früheren Odendichter immer mehr frei macht. Und doch hat auch Uz im Verhältnis zu seinen Vorgängern und Zeitgenossen schon einen Schritt zu gröfserer Klarheit getan; seine Bilder sind einfacher und verständlicher, wie man am besten daraus ersieht, dafs er auf erklärende Anmerkungen zu seinen Gedichten ganz verzichten kann, während sie bei einem Ramler unumgänglich nötig und sehr umfangreich waren und sogar von dem eleganten Hagedorn nicht verschmäht wurden, der sie auch theoretisch ziemlich in jeder Vorrede zu seinen Gedichtausgaben eifrig verteidigte*). Wo Uz ausnahmsweise Anmerkungen setzt, und das ist blofs bei seinem grofsen Lehrgedichte, nicht in seiner Lyrik, geben sie nur Quellennachweise; zum Verständnis des Textes sind sie nicht erforderlich wie etwa bei Ramler und teilweise auch Klopstock. So bewährt er auch hier seine richtige Empfindung für Mafs und Einfachheit, die ihn in seiner ganzen Dichtung, namentlich aber in seiner Gedankenlyrik auszeichnet.

Es ist sehr zu bedauern, dafs Schiller nicht zu der Ausführung seiner Absicht kam, mit Uzens „Theodicee" einen Wettkampf zu wagen. Die Tatsache aber, dafs er überhaupt diesen Gedanken fafste**), beweist am besten, dafs er in Uz einen nicht verächtlichen Vorgänger

---

*) So beruft er sich im Vorbericht zu seinen moralischen Gedichten auf den Vorgang von Opitz, Pope, Boileau, La Fontaine, Wernicke, Canitz; satirisch gefärbt kehrt die Verteidigung der Anmerkungen wieder in seinem „Schreiben an einen Freund." Noch bei Wieland sind oft gelehrte erklärende Anmerkungen zu finden.

**) S. Brief an Körner vom 28. Februar 1793.

in der Gedankenlyrik sah. Robert Boxberger hat*) zuerst den interessanten Bericht gewürdigt, den Schillers Jugendfreund Conz darüber aus den Jahren 1792—94 gegeben hat. „Ich hörte oft aus seinem Munde", sagt Conz, „ihn nicht nur die Fülle der Hallerschen Lehrpoesien, die seinem eigenen Tiefsinn und Ernst so sehr zusagten, rühmen. Auch von Uzens lyrischem Schwung, besonders seiner Theodicee, der herrlichen Lehrode ... sprach er mit dem gröfsten Wohlgefallen und äufserte mehrere Male den Gedanken gegen mich, er hege den Entwurf, in einem ähnlichen Gedichte, als Pendant zu diesem, die Resultate der kritischen Philosophie, von der er damals ganz begeistert war, wie Uz es hier mit der Leibnizischen versuchte, in einer Art Wettstreit darzustellen: das Wagestück, mit einem so vorzüglichen Kopfe, wie Uz, seine Kraft zu messen, reize ihn". Auch wenn man die Hypothese Boxbergers, der in dem „Glück" und der „Nänie" Bruchstücke der Schillerschen Theodicee erblickt, nicht sehr glücklich finden kann, erhält doch das Verhältnis von Schiller zu Uz durch diese Mitteilungen seine beste Beleuchtung. Charakteristisch ist aber auch ein Vorgang aus dem Jahre 1796. Schiller konnte für seinen Musenalmanach nicht das gewünschte Portrait Goethes erhalten, und kein anderer lebender Dichter schien ihm würdig, an seine Stelle zu treten. Da bat er Goethe ihm ein Bild des kürzlich verstorbenen Uz zu besorgen**), freilich mit dem gleichsam entschuldigenden Hinweis auf das „Ansehen von Billigkeit und Honeteté, wenn wir Einem aus der alten Zeit diese Ehre erweisen"; aber diese Wahl deutet doch die Hochschätzung an, die er dem bescheidenen Vorläufer nicht versagte. Und Herder legt noch im Jahre 1801***) mit warmer Verehrung einen „Kranz auf Uz Grab" nieder, in seinen Oden, namentlich den horazischen, den Kern seiner Bedeutung erblickend: „Wäre diese sonore Lehrode nicht Poesie? Wäre z. B. (wie unsere Neulinge wollen) Uz kein lyrischer Dichter? Wenn nach griechischer Weise einem Verstorbenen sein Ehrenzeichen, eine bekränzte Lyra aufs Grab gelegt werden sollte; so gebührte sie Ihm! Eine Lyra mit dreifachem Kranze, der Dichtkunst, der Weisheit und des tätigen Ver-

---

*) In Schnorrs Archiv f. Litt.-Gesch. VIII, 120—127.

**) 12. Juli 1796. — Das Bild kam dann doch nicht in den Almanach, wahrscheinlich wohl, weil schon im Göttinger Musenalmanach auf 1797 ein Portrait von Uz erschien, das sein Freund Degen freilich (a. a. O.) „vollends eine Karikatur" nennt.

***) „Adrastea" II, 3; Suphan XXIII, 245 f.

dienstes, umwunden. Eben Er traf den Ton, in dem die Lehre, jeder-
mann verständlich, in feurigen oder sanften Silbenmaſsen unser Gemüt
durchdringet, und es in süſser Begeisterung mit sich forziehet oder
fortreiſset. Seine besten Oden sind ein Lehrbuch der liebenswürdigsten
Moral in süſsen Gesangweisen. Wenn gleich er Horazens Silbenmaſse
nicht gebraucht, so spricht doch Horazens Geist durch ihn, im Gehalt
sowohl als im Schwung und in der Anordnung seiner Oden. Kehre
der Klang derselben, die ein bisarrer Geschmack verdrängt hat, ins
Ohr der Jünglinge wieder!"